Wilhelm Bacher

Rabbanan, die Gelehrten der Tradition

Verlag
der
Wissenschaften

Wilhelm Bacher

Rabbanan, die Gelehrten der Tradition

ISBN/EAN: 9783957005496

Auflage: 1

Erscheinungsjahr: 2015

Erscheinungsort: Norderstedt, Deutschland

Hergestellt in Europa, USA, Kanada, Australien, Japan
Verlag der Wissenschaften in Hansebooks GmbH, Norderstedt

RABBANAN

Die Gelehrten der Tradition

Von

DR. W. BACHER

Direktor der Landes-Rabbinerschule in Budapest.

STRASSBURG i. E. 1914.
Verlag von KARL J. TRÜBNER.
Druck von Adolf Alkalay & Sohn Nachfolger, Preßburg.

Die Agada der Gelehrten

Beitrag zur Geschichte der anonymen Agada

Von

Dr. W. Bacher

Direktor der Landes-Rabbinerschule in Budapest.

Inhaltsverzeichnis.

Vorbemerkung.

Die vorliegende Arbeit hat mir Wilhelm Bacher einige Tage vor seinem am 25. Dezember 1913 eingetretenen Tode mit der Bestimmung übergeben, sie im nächsten Jahresberichte als wissenschaftliche Beilage drucken zu lassen. Er wolle, wie er bemerkte, diese letzte Pflicht gegen die Anstalt, da in diesem Schuljahre die Reihe an ihn sei, noch erfüllen. Sein letzter Wunsch ist nunmehr durch die Drucklegung dieser seiner letzten Schrift in Erfüllung gegangen. Am Anfang und am Ende der Lehrtätigkeit Wilhelm Bachers an unserer Anstalt stehen gleichsam als zwei Marksteine zwei bedeutende Agadawerke; in unserem ersten Jahresberichte erschien (1878): Die Agada der babylonischen Amoräer, und in diesem siebenunddreißigsten Jahresberichte erscheint: Die Agada der Gelehrten.

Möge diese posthume Schrift, an welcher die schweren körperlichen Leiden, unter denen sie angefertigt wurde, nicht die leiseste Spur hinterlassen haben, und mit welcher Wilhelm Bacher seine ruhmvolle wissenschaftliche Tätigkeit auf dem weiten Gebiete der Agada würdig abgeschlossen hat, liebevolle Aufnahme finden und wie alle seine einschlägigen Arbeiten zur weiteren Erforschung der Agada, einer Lieblingswissenschaft des verklärten Mannes, aneifern.

Budapest, im Juli 1914.

Ludwig Blau.

Einleitung.

Neben den mit ausdrücklicher Nennung des Autors
überlieferten agadischen Aussprüchen, wie sie auf dem weiten
und mannigfaltigen Gebiete der jüdischen Traditionsliteratur
zu finden sind, ziehen unsere Aufmerksamkeit in ziemlich
großer Anzahl solche Agadasätze auf sich, die ohne Nennung
eines Autors, aber dennoch mit einer Angabe der Urheberschaft
überliefert sind. Es sind das diejenigen Agadasätze, als deren
Urheber die Gelehrten bezeichnet sind. „Die Gelehrten sagen“[1])
ist eine Formel, welche dem mit ihr eingeleiteten Ausspruche
den Stempel der Anonymität aufdrückt, ihn aber dennoch
aus der großen Masse der ohne jede Formel in das Schrift-
tum der Tradition aufgenommenen anonymen Sätze heraus-
hebt. Eine Sammlung aller dieser gleichsam h a l b a n o n y m e n
Agadasätze, die besonders in den verschiedenen Werken des
nachtannaitischen agadischen Midrasch sich weithin zerstreut
finden, habe ich in der Absicht unternommen, damit zunächst
meine in den Werken über die Agada der Tannaiten und
Amoräer in chronologischer und systematischer Form dar-
gebotene Sammlung der mit Autornamen überlieferten
Agadasätze zu ergänzen. Und wenn diese Sammlung der

[1]) רבנן אמרי. So lautet die Formel in den älteren Midraschwerken.
In den Tanchuma-Midraschim ist vermöge ihres sprachlichen Charakters
an die Stelle von רבנן dessen hebräisches Aequivalent רבותינו getreten.
Nur selten werden die Gelehrten mit dem tannaitischen Ausdrucke חכמים
bezeichnet. Übrigens ist unten in den Anmerkungen zu den einzelnen
Aussprüchen neben der Quellenangabe auch die jeweilige Einführungsformel
angegeben. Daß רבנן und nicht das im Jeruschalmi und im Midrasch sehr
oft dafür gesetzte רבנין die ursprüngliche Wortform ist, habe ich in meinem
Artikel „Rabbanan et Rabbana“ in der Revue des Études Juives, Bd.
LXV, S. 32—39 nachgewiesen.

Natur der Sache nach auch kein einheitliches Gepräge an sich trägt, so tritt uns in ihr dennoch eine vermöge der gleichen Einführungsformel einheitliche Gruppe agadischer Überlieferungen entgegen. Diese Gruppe scheidet sich in zwei große Abteilungen. Zu der einen Abteilung gehören diejenigen agadischen Überlieferungen, in denen die Ansicht der Gelehrten der der einzelnen mit Namen genannten Autoritäten gegenübersteht. Die andere Abteilung bilden die für sich ohne Gegenüberstellung von Einzelaussprüchen als von den Gelehrten herrührend überlieferten Agadasätze. Nach diesen zwei Abteilungen gesondert, werden die Agadasätze der Gelehrten hier vorgeführt werden und zwar: in der ersten Abteilung zuerst die tannaitischen, dann die amoräischen Kontroversen, in chronologischer Reihenfolge; die zweite Abteilung hält sich an die Reihenfolge der biblischen Bücher und am Schlusse an den inhaltlichen Charakter der nicht rein exegetischen Agadasätze.

I.

Unter den tannaitischen Kontroversen, in denen neben der Ansicht eines Einzelnen die der Gelehrten überliefert ist, stehen in vorderster Reihe, der Zahl nach etwa die Hälfte der gesamten Beispiele umfassend, diejenigen, in welchen die Gelehrten an dritter Stelle nach dem Tannaitenpaare Jehuda und Nechemja genannt sind. Die Kontroversen dieser Schule Akibas gehörten zu den bevorzugten Stoffen der agadischen Überlieferung, aus welcher dieselben in die verschiedenen Midraschwerke gelangten. In den Fällen, in denen außer den beiden Meinungen Jehudas und Nechemjas auch die der Gelehrten mitgeteilt wird, muß vorausgesetzt werden, daß diese dritte Meinung vom Anfang an ein fester Bestandteil der Überlieferung war. Die Gelehrten sind aber in diesem Falle die Zeitgenossen Jehudas und Nechmjas und was ihnen zugeschrieben wird, kann als die bei den Tannaiten der nachhadrianischen Zeit über den Meinungen der genannten zwei Tannaiten zur Geltung gelangte Meinung angesehen werden. Bei einigen dieser den „Gelehrten" gegenüber J. und

N. zugeschriebenen Schriftauslegungen läßt sich nachweisen,
daß sie tatsächlich als maßgebend anerkannt wurden. Die
Erklärung der Gelehrten zu Exod. 2, 21 ist dieselbe, welche
in der Mechiltha und in einer Baraitha des babylonischen
Talmuds anonym gebracht wird und welche Symmachus
und nach ihm Hieronymus an der genannten Exodusstelle
wiedergeben[1]). Die Deutung der Gelehrten zu Gen. 49, 11
und zu Exod. 2, 12 liegt dem palästinensischen Targum zu beiden Stellen zu Grunde. Dasselbe gilt in Bezug auf Deut. 25, 18.
Zu Gen 14, 13 werden neben den Erklärungen J. und N.'s
zwei Erklärungen der Gelehrten für die Bezeichnung Abrahams als עברי tradiert. Von diesen zwei Erklärungen liegt
die erste der Übersetzung Aquilas (aber auch der LXX) zu
Grunde, die zweite der Übersetzung des Hieronymus[2]). Die
Erklärung der Gelehrten zu הארכי, II. Sam. 15, 32 ist sowohl
im Targum wie in der Vulgata erkennbar.

Auch aus den anderen tannaitischen Kontroversen lassen
sich Beispiele dafür anführen, daß die Meinung der Gelehrten
als die rezipierte Erklärung anerkannt wurde; so bei der Erklärung des Wortes כברת, Gen. 35, 16, gegen Eleazar b. Jakob,
im paläst. Targum und in der Vulgata; in der Erklärung von
Prov. 6, 16, gegen Meir, in der Vulgata. — Zwei Meinungen
der Gelehrten gegenüber Jehuda b. Ilai (über die Prophetie
Moses' und zu Exod. 28, 34) finden sich anonym in Baraitha
des babylonischen Talmuds; ebenso eine Erklärung der Gelehrten gegen Jonathan (b. Joseph), zu Num. 6, 9; eine
Meinung der Gelehrten über das Sündenbekenntnis am Versöhnungstage, gegen El. b. Jakob.

In den hier angeführten Beispielen ist es in der Regel
die einfache, rationelle Auslegung der Bibelstellen, die durch

---

) S. unten die Anmerkung zu der betreffenden Stelle. Auch für
die weiteren hier zu bringenden Beispiele sei ein für alle Male auf die
Anmerkungen zu den betreffenden Stellen verwiesen.

) Die lateinische Bibelübersetzung des Hieronymus (die Vulgata)
kann in den hier angeführten Fällen als Zeugniß der in Palästina am Ende
des 4. Jahrhunderts bei den jüdischen Gelehrten herrschenden exegetischen
Auffassung gelten.

die „Gelehrten" vertreten ist. Solche Beispiele bieten die tannaitischen Kontroversen, von denen hier die Rede ist, noch
andere. So steht zu II. Chron. 6, 42 der Wunderannahme
Jehuda b. Ilais eine rationalistische Auslegung der Gelehrten
gegenüber. Man vergleiche auch die Erklärung der Gelehrten
zu Gen. 46, 10, gegen Jehuda und Nechemja, ebenso die zu
Exod. 4, 25, gegen dieselben. — Anderseits sind es die Gelehrten,
die in ihrer Auslegung die herrschenden Ideen der Agada zur
Geltung bringen. So zeigt sich in einer Reihe von diesen
Kontroversen die Tendenz der Gelehrten, den Bibelspruch
messianisch zu deuten[1]), das Thorastudium zu verherrlichen[2]),
die Macht der Frommen zu veranschaulichen[3]), die göttlichen
Heimsuchungen hervorzuheben[4]). Sie legen Nachdruck auf
das Gebet[5]) und Einzelheiten der Liturgie[6]). Roms Blutgier
wird gegeißelt[7]). Die größere Zahl wird vorgezogen[8]).
Auch Beispiele für die volkstümliche Einkleidung der Agada
sind vorhanden[9]).

Die Tannaiten, die als Vertreter der Einzelansicht gegenüber der Ansicht der Gelehrten erscheinen, sind außer
dem bereits hervorgehobenen Paare Jehuda und Nechemja,
besonders Akiba und seine in der nachhadrianischen Zeit als
leitende Autoritäten wirkenden Schüler; außerdem noch
der Patriarch Jehuda I und zwei seiner jüngern Zeitgenossen.

Die agadischen Kontroversen, in denen neben der Meinung eines einzelnen Amora die der Gelehrten tradiert wird,

---

[1]) Gegen Ben Zoma, zu Deut. 16, 3; gegen Nechemja, zu Ps. 72.
16; gegen Jehuda und Nechemja, zu Gen. 32, 4; zu Gen. 49, 11; zu
Exod. 2, 12; zu Koh. 4, 1.

[2]) Gegen Jehuda und Nechemja, zu Ps. 21, 4; zu Prov. 21, 22;
gegen Simai, zu Koh. 5, 4.

[3]) Gegen Jehuda und Nechemja, zu Ps. 149, 6; zu Hohelied 2, 8.

[4]) Gegen Jehuda und Nechemja, zu Exod. 32, 16.

[5]) Gegen Jehuda und Nechemja, zu Gen. 18, 23 und zu Gen. 44, 18.

[6]) Gegen Jehuda und Nechemja, zu Echa 1, 1 und 4, 4.

[7]) In der Auslegung zu Gen. 27, 41, gegen Jehuda und Nechemja.

[8]) Gegen Jehuda b. Ilai, zu Exod. 28, 44; gegen Jehuda und
Nechemja, zu Gen. 41, 14 ff.

[9]) Gegen Jehuda und Nechemja, zu Exod. 2, 14; zu Ps. 109, 14.

erstrecken sich auf die ganze amoräische Epoche, wobei zunächst nur die palästinischen Amoräer in Betracht kommen. Die agadische Tradition hat sich nicht darauf beschränkt, nur die Meinung eines einzigen Amora zugleich mit der der Gelehrten mitzuteilen, sondern es werden oft auch andere nicht nur von zeitgenössischen, sondern auch von späteren Autoritäten herrührende Einzelmeinungen mit der ursprünglichen Kontroverse zugleich tradiert, so daß häufig die diesen Kontroversen eigentümliche Form gesprengt erscheint und es auch nicht immer sicher ist, ob eine solche Kontroverse ursprünglich zu Grunde liegt. Derartige Erweiterungen der ursprünglichen Kontroverse sind in größerer Anzahl verzeichnet unter Josua b. Levi, Jochanan, Samuel b. Nachman, Levi, Abba b. Kahana, Chanina b. Papa, Judan. Eine Analogie zu den Traditionen über die agadischen Kontroversen zwischen dem Tannaitenpaare Jehuda und Nechemja und den Gelehrten bieten unter den Amoräern höchstens die fünf Kontroversen, in denen den Meinungen Jochanans und Simon b. Lakischs die der Gelehrten gegenübersteht.

Von den agadischen Kontroversen, in denen die Einzelansicht eines babylonischen Amora zugleich mit der Gegenansicht der Gelehrten überliefert ist, sind nur einige wenige im babylonischen Talmud zu finden. In vier dieser Kontroversen ist Rab der Vertreter der Einzelansicht; einmal ist neben Rabs Ansicht auch die Jochanans genannt; einmal neben der Rabs auch die Samuels, die Gelehrten aber sind näher als die Babyloniens bestimmt.

Auch die amoräische Gruppe unserer ersten Abteilung enthält Beispiele dafür, daß die Meinung der Gelehrten als rezipierte Auslegung der betreffenden Bibeltexte nachweisbar ist. Die Erklärung der Gelehrten zu Gen. 41, 47 gegen Jochanan findet sich in Targum (auch Peschito) und Vulgata; ebenso die Erklärung der Gelehrten zu Hiob 34, 14, gegen Josua b. Nechemja. Die Erklärung der Gelehrten zu Jes. 17, 11, gegen Jochanan, kann man in der Vulgata wiedererkennen; ebenso die zu II. Kön. 18, 16, gegen Levi. Die Kontroverse zu Gen. 36, 24 zwischen Jehuda b. Simon und den Gelehrten

erwähnt Hieronymus selbst als Meinungsverschiedenheit der
jüdischen Schriftausleger, freilich ohne Jehuda b. Simon zu
nennen, aber die Meinung der Gelehrten als die der Mehrheit (plerique) bezeichnend.   Als Vertreter der einfachen, na-
türlichen Schriftauslegung erscheinen die Gelehrten in der
Erklärung zu Gen. 21, 8, gegen Hoschaja; zu Exod. 18, 11,
gegen Jochanan und Eleazar; zu der Frage über den Wein
der Trankopfer in der Wüste, gegen Jochanan und Levi; zu
Echa 1, 21, gegen Levi; zu Gen. 27, 30, gegen Aibo.

Aus dem tannaitischen Midrasch stammt die Ansicht
der Gelehrten zu Gen. 14, 18, gegen Jochanan; die zu
Lev. 24, 10, gegen Levi. Tannaitischer Ursprung ist nachweisbar für die Meinung der Gelehrten zu Gen. 16, 7 ff.,
gegen Chama b. Chanina. Im Seder Olam findet sich die Ansicht der Gelehrten zu II. Chr. 13, 20, gegen Jochanan und
Simon b. Lakisch.

Dieselbe Beobachtung in Bezug auf die in den Meinungen der Gelehrten zur Geltung kommenden Ideen und
Tendenzen der Agada, die oben für die tannaitischen Kontroversen festgestellt wurde, gilt auch für die amoräischen.
Messianisches[1]), Eschatologisches[2]), Thorastudium[3]), die Macht
der Frommen[4]), Israel[5]), Roms Blutgier[6]), Liturgisches[7]),

---

[1]) Zu Jes. 60, 2, gegen Abba b. Kahana; zu Zach. 10, 11,
gegen Rab.

[2]) Gegen Jannai, über das Höllenfeuer; gegen Levi, zu Koh. 1, 3.

[3]) Zu Hiob 12, 16, gegen Jochanan und Simon b. Lakisch; zu
Gen. 14, 18, gegen Samuel b. Nachman; zu I Kön. 15, 22, gegen
Simon; zu Gen. 3, 24, gegen Abba.

[4]) Zu Ruth 4, 4 gegen Jochanan und Simon b. Lakisch; zu Num.
23, 19, gegen Samuel b. Nachman.

[5]) Zu Ruth 4, 11, gegen Chanina b. Chama; zu II. Sam. 7, 24,
gegen Abba b. Kahana und Levi; zu Hoh. 2, 7, gegen Chanina b. Papa
und Jehuda b. Simon.

[6]) Zu Ezech. 35, 6, gegen Samuel b. Nachman und Chama b.
Chanina.

[7]) Zu Ps. 51, 19, gegen Zabdai b. Levi; zu Ps. 28, 5 gegen
Chizkija und Josua b. Levi; zu Ps. 22, 24, gegen J. b. Levi und S. b.
Nachman; zu Ps. 27, 1—3, gegen El. b. Pedath, Sam. b. Nachman
und J. b. Levi; zu Ps. 94, 12, gegen Levi. — Hierher gehören auch die

Volkstümliches[1]), große Zahlen[2]) kennzeichnen einen beträchtlichen Teil dieser Kollektivmeinungen.

Oft genug wird, was in unseren Kontroversen als Meinung der Gelehrten erscheint, anderseits einem einzelnen Autor zugeschrieben. In der Regel läßt sich annehmen, daß dieser Autor die Meinung der Gelehrten adoptierte und als seine eigene vortrug. Es ist aber auch möglich, daß der betreffende Amora von der Kontroverse keine Kenntnis hatte und sich die Meinung der Gelehrten auf sonstiger Weise aneignete. Von den agadischen Kontroversen, in denen den Meinungen Jehudas und Nechemjas die der Gelehrten gegenübersteht, wird in drei Fällen die Meinung der Gelehrten im Namen eines palästinensischen Amora tradiert: die zu Exod. 9, 24, im Namen Jehuda b. Simons; die zu Exod. 17, 7, im Namen Abahus; die zu Exod. 25, 5, im Namen Jochanans. Was die Gelehrten zu Num. 14, 37 gegen Simon b. Jochai behaupten, findet sich im babylonischen Talmud als Meinung des babyl. Amora Nathan b. Jizchak. Der babyl. Amora Huna ist im babyl. Talmud Urheber der Ansicht zu II. Sam. 5, 21, welche im palästinensischen Talmud die Gelehrten dem Tannaiten Jose b. Chalaphtha gegenüber vertreten. In der Tradition des babylonischen Talmuds wird die Kontroverse zwischen Simon, einem der letzten Tannaiten und den Gelehrten zu Koh. 5, 9 mit der Angabe ergänzt, daß als Urheber der den Gelehrten zugeschriebenen Ansicht auch Rabba

[1]) beiden, an die Opferung Isaaks (ein Motiv des Neujahrsfestes) anknüpfenden Meinungen der Gelehrten: zu Gen. 46, 1, gegen Juda und Berechja: zu Lev. 26, 42, gegen Berechja.

[2]) Zu II. Sam. 3, 30, gegen Jochanan und S. b. Lakisch; zu Gen. 3, 6, gegen Simlai; zu Gen. 17, 19, gegen Acha; zu Gen. 29, 53, gegen Huna.

) Zu Gen. 32, 2, gegen Levi; zu I. Sam. 4, 12, gegen Levi und Simon: über Davids Kriege, gegen Abba b. Kahana: zu Amos 3, 15, gegen Jehuda b. Simon; zu Esther 5, 11, gegen Rab; zu Jes. 3, 1 gegen Papa. Unsere Kontroversen enthalten jedoch auch Beispiele dafür, daß gerade die Gelehrten es sind, welche die kleinere Zahl annehmen. So zu Ezech. 28, 19, gegen Simon b. Lakisch; zu II. Kön. 24, 16, gegen Chelbo; zu Hiob 20, 17, gegen Acha.

b. Huna genannt werde. Es ist das der Amora, der in Babylonien Agadasätze der Palästinenser vorzutragen pflegte.

Auch die amoräischen Kontroversen bieten sicher hieher-
gehörige Beispiele. Die Erklärung zu II. Kön. 20, 2 (Jes. 38, 2),
die nach dem paläst. Talmud die Gelehrten, gegen Josua b.
Levi, Samuel b. Nachman, Chanina b. Papa, zu Urhebern
hat, tradierte nach einem Midraschwerke Huna im Namen
des babylonischen Amora Joseph; der babylonische Talmud
kennt sie als Agada des Simon b. Lakisch. — Nach dem babylonischen Talmud stammt von Josua b. Levi, was eine
paläst. Quelle als Meinung der Gelehrten gegen Jehuda b.
Simon zu Ezechiel 5, 7 bringt. Die Ansicht der Gelehrten
zu Zach. 11, 12, gegen Rab, und in einer andern palästinischen Quelle im Namen Jochanans, ist im babyl. Talmud im
Namen Ullas, eines Schülers Jochanans, gelehrt. Ein Agada-
satz der Gelehrten, dem zwei analoge Agadasätze von Jochanan und Simon b. Lakisch an die Seite gesetzt werden, ist
anderseits Samuel b. Nachman zugeschrieben. — Der Deutung
der Gelehrten gegen Jehuda b. Simon zu Genesis 1, 4 ist
ein anderseits zu findender Ausspruch des Eleazar b. Pedath
ähnlich. Die Meinung der Gelehrten zu Gen. 42, 8, gegen
Levi gehört nach dem babyl. Talmud dem babylonischen
Amora Chisda an. Einen Spruch, mit dem die Gelehrten
gegen Chija b. Abba einen Hiobvers (37, 11) deuten, trägt Dima
als palästinensischen Volksspruch vor. Was der paläst. Talmud als Meinung der Gelehrten zu II. Sam, 17, 25, gegen
Samuel b. Nachman bringt, kennt der babyl. Talmud als
Ausspruch Rabas. Ebenfalls Raba ist es, von dem ein Ausspruch im babyl. Talmud auf der Erklärung der Gelehrten
zu I Kön. 18, 22, gegen Simon b. Pazzi, beruht.

Von den Kontroversen, in denen den Meinungen Jehudas und Nechemjas die der Gelehrten gegenübersteht, ist
eine, die zu Ps. 109, 14, in einer Quelle so mitgeteilt, daß
auch der Tradent des Ganzen genannt ist, und zwar ist das
Tanchuma b. Abba[1]). Auch von den amoräischen Kontro-

---

[1]) Pesikta 23a: ר״ת תנחומא בר אבא אמר ר׳ יהודה ור׳ נחמיה ורבנן. So
muß richtig gelesen werden.

versen findet sich nur für eine der Tradent angegeben,
nämlich Acha für die Kontroverse zwischen Abahu und den
Gelehrten zu Lev. 4, 2 und 16, 2[1]). Diese zwei Beispiele,
wenn auch vereinzelt, beweisen, daß auch bei den hier be-
handelten Gegenständen der agadischen Überlieferung auch
Tradenten als Gewährsmänner der Überlieferung genannt
wurden. Manchmal ist die Einzelansicht mit der Angabe des
Tradenten versehen, so ist in der Kontroverse zwischen Meir
und den Gelehrten zu Ps. 73, 4 neben dem Namen Meirs
auch der seines Tradenten, des Tannaiten Dosithai b. Jannai[2]) genannt. Wenn aber zu Ps. 87, 5 der Amora des 4.
Jahrhunderts, Jehuda b. Simon als Tradent der Meinung Meirs
erscheint, so muß dieser Fall wahrscheinlich so beurteilt werden,
wie die eben gebrachten zwei Einzelfälle: Jehuda b. Simon
tradierte die Kontroverse zwischen Meir und den Gelehrten.
In der Kontroverse zwischen Chelbo und den Gelehrten zu
II. Kön. 24, 16 ist Berechja als Tradent Chelbos genannt; in
der Kontroverse zwischen Acha und den Gelehrten zu
I. Kön. 5, 10 Eleazar b. Abina als Tradent Achas.

Die Formel, mit welcher unsere Kontroversen eingeleitet werden, ist dieselbe wie bei den Kontroversen zwischen
einzelnen Autoren. Jedoch findet sich die volle Formel: „Es
waren mit einander im Widerstreite") N. und die Gelehrten“ nur sehr selten[4]). In der Regel ist diese Formel
elliptisch gekürzt, indem es nach Weglassung der Prädikate:

---

[1]) Jer. Taanith 65 a, 57: ר׳ אחא אמר אפלגון ר׳ אבהו ורבנן הד אמר
... ורבנן אמר ... Acha ist es auch, der innerhalb seiner Deutung zu
Prov. 21, 22 die Kontroverse zwischen Jehuda, Nechemja und den Gelehrten zu diesem Proverbienverse anführt.

[2]) S. Ag. d. T. II, 385.

[3]) In den palästin. Quellen: אפלוגין; in dem babylonischen Talmud פליגי בה. S. Terminologie der Amoräer, S. 156.

[4]) Unter den tannaitischen Kontroversen nur einmal: אפלוגו
רבי וחכמים בה. Unter den amoräischen Kontroversen: אמרי איתפלגון רבנן
(zu Lev. 4. 6); aus dem babylonischen Talmud (פליגי בה) s. unter Jehuda
II und Papa. Bei Josua b. Levi zu Hiob 40, 23 lautet die Einführung so:
הוה יתיב ופליג (die Quelle ist palästinensisch, aber durch die Formel
des babyl. Talmuds beeinflußt).

N. und die Gelehrten[1]), oder wenn zwei Einzelansichten denen der Gelehrten gegenüberstehen: N., N. und die Gelehrten[2]) heißt. Eine Einleitungsformel, in der mehr als zwei Autoren von Einzelansichten genannt wären, findet sich nicht. Wo daher in den von mir verzeichneten Kontroversen mehr als zwei Einzelautoritäten gegenüberstehen, muß man wahrscheinlich annehmen, daß die ursprüngliche Tradition nachträglich erweitert wurde[3]).

Nach der Einleitungsformel folgen die einander gegenüberstehenden Meinungen und zwar gewöhnlich so, daß die Urheber der Meinungen ausdrücklich genannt sind; aber öfters lautete die Einführung der Meinungen so: Der Eine sagt . . ., der Andere sagt . . .[4]), wie das auch bei Kon-

---

[1]) Die Beispiele hierfür befinden sich in den Anmerkungen zu den einzelnen Kontroversen verzeichnet. Unter den Tannaiten, s. Akiba, Meir, Simon b. Jochai, Jose b. Chalaftha, Jehuda b. Ilai, Eleazar b. Jakob, Jehuda I. Unter den Amoräern: Josua b. Levi, Jochanan, Jose b. Chanina, Samuel b. Nachman, Jizchak, Levi, Simon, Chanina b. Papa, Aibo, Acha, Jirmia b. Nechemja, Berechja, Chama b. Ukba, Geniba. — Statt ר׳ פ׳ ורבנן heißt es mehrmals: ר׳ פ׳ לרבותינו (unter Chama b. Chanina, zu Gen. 16, 7; unter Levi zu Ps. 29, 3).

[2]) Unter den tannaitischen Kontroversen: ר׳ . . ., ר׳ נחמיה ורבנן. — Unter den amoräischen Kontroversen, s. Josua b. Levi, Jochanan, Jose b. Chanina, Levi, Chanina b. Papa, Jehuda b. Simon, Judan, Rab.

[3]) Jedoch findet sich eine Kontroverse, an der Jochanan, Jehuda b. Simon, Samuel b. Nachman mit je zwei Deutungen, die Gelehrten mit einer Deutung vertreten sind (zu Dan. 3, 14), die Einführungsformel: ר׳ . . . אמר תרתין, ר׳ יהודה בר סימון אמר תרתין, ר׳ שמואל בר נחמן אמר תרתין, ורבנן אמרי חדא. Solche Kontroversen, in denen die Einzelautoritäten je zwei Deutungen, die Gelehrten eine bieten, finden sich auch bei Judan und Berechja (zu Gen. 46, 1). In der Kontroverse zwischen Abia, Berechja und den Gelehrten — in Lev. r. c. 31 (8) — haben auch diese zwei Deutungen.

[4]) In der Kontroverse zwischen Jehuda, Nechemja und den Gelehrten zu Exod. 4, 25: חד אמר . . . רבנן אמרי . . . רבנן אמרי; ebenso in der zu II Sam. 15, 32. — In der Kontroverse zwischen Abahu und den Gelehrten zu Lev. 4, 16: חד אמר . . . רבנן אמרי. Ebenso in der Kontroverse zwischen Chija b. Abba und den Gelehrten, zu Ps. 18, 12; in der zwischen Simon und den Gelehrten zu M. Schekalim V, 1; in der zwischen Jirmija und den Gelehrten, zu Ps. 19, 8; die zwischen Schela aus Kefar Temartha und den Gelehrten, zu Ps. 83, 17; zwischen Rammi b.

troversen einzelner Autoritäten der Fall zu sein pflegte. Die Ständigkeit dieser Formel bringt es mit sich, daß auch die Meinung der Gelehrten mit „Der Andere sagt" eingeleitet wird [1]).

In einzelnen Fällen werden die Kontroversen nach Anwendung des Ausdruckes מהו [2]) tradiert [3]).

Nicht selten wird in diesen Kontroversen die Reihenfolge in abweichender Form tradiert, indem zuerst die Meinung der Gelehrten, dann die der Einzelautoritäten gebracht wird. Dem entspricht denn auch die Einführungsformel: „Die Gelehrten und N..." Unter den Tannaiten finden sich derartig tradierte Kontroversen bei Simon b. Jochai[4]), unter den Amorären in besonders großer Anzahl bei Levi[5]), und Acha[6]), Jehuda b. Simon[7]): außerdem bei Simon b. La-

lechezkel und den Gelehrten, zu Gen. 25, 2. Beachtung verdient, daß alle diese Beispiele entweder im palästinensischen Talmud oder im Midrasch Tehillim (Schocher tob) zu finden sind. Man darf annehmen, daß der letzten Quelle ebenfalls der paläst. Talmud — in den nicht mehr vorhandenen Teilen — als Quelle diente.

[1]) Jedoch heißt es bei der Kontroverse zwischen Zabdai b. Levi, Jose b. Petros und den Gelehrten, zu Ps. 51, 19: רב אמר ... יהודה אמר רבנן אמרי ...

[2]) רבנן פתרי קריא ב. ... פתר קריא ב. S. die Terminologie der Amoräer, S. 179.

[3]) So die Kontroverse zwischen Simon b. Jochai und den Gelehrten, zu Echa 1, 19; die zwischen Josua b. Levi, El. b. Pedath, Samuel b. Nachman und den Gelehrten, zu Ps. 27, 1—3; die zwischen Levi und den Gelehrten, zu Echa 1, 21; die zwischen Josua aus Bozra und den Gelehrten, zu Ps. 75, 8; die zwischen Samuel b. Ammi und den Gelehrten, zu Ps. 3, 3 f. — In der Kontroverse zwischen Abahu und den Gelehrten zu Gen. 28, 20 ist die Deutung der Gelehrten so eingeleitet: ורבנן פתרין הדא קרייא; ebenso in der zwischen Levi und den Gelehrten, zu Gen. 2, 16.

[4]) רבנן ורבי שמעון בן יוחאי. Zu Gen. 15, 9 f. und zu Num. 14, 37.

[5]) רבנן ולוי. Zu Lev. 24, 10; zu I Kön. 5, 9; zu Esther 5, 1; zu I Chron. 5, 10; zu Koh. 1, 3.

[6]) רבנן ואחא. Zu Gen. 6, 4; zu Gen. 21, 7; zu Gen. 39, 3 (hier ohne Einführungsformel); zu Hiob 28, 27.

[7]) רבנן ורבי יהודה בר סימון. Zu Gen. 38, 1; zu Lev. 11, 5; zu I Kön. 5, 3; zu Ezech. 5, 7; zu I Chr. 6, 13; zu vier Personen der Bibel.

kisch[1]), Assi[2]), Ebjathar[3]) Jona aus Bozra[4]). Im Allgemeinen läßt sich kein Grund für diese Umkehrung der gewöhnlichen Reihenfolge angeben; nur in einzelnen der angeführten Beispiele läßt sich das Abgehen von der Regel vermuten. So in dem Falle Simon b. Lakisch; in diesem vertreten die Gelehrten die kleinere, Simon b. Lakisch die größere Zahl, und in der Tradition solcher Kontroversen ist das Aufsteigen der Zahl die Regel. — In der Kontroverse zu Gen. 21, 7 erweitert Acha den Kreis der nach den Gelehrten am Segen durch Sara Beteiligten; seinem Ausspruche liegt also der der Gelehrten zu Grunde, weshalb dieser in erster Reihe genannt ist. Man darf vielleicht annehmen, daß in diesen Fällen der umgekehrten Reihenfolge der einzelne Agadist dem wohl von ihm selbst tradierten Ausspruch der Gelehrten seinen eigenen Ausspruch entgegenstellt.

Auch in den auf gewöhnlicher Weise tradierten Kontroversen, in denen die Meinung der Gelehrten der Einzelmeinung vorausgeht, ist manchmal das Verhältnis zwischen beiden nicht das der Koordination, sondern die Gelehrten erläutern oder berichtigen, oder ergänzen den Ausspruch der einzelnen Agadisten. So wenn der These Abahus zu Gen. 28, 20 die Bemerkung der Gelehrten folgt, wonach das Wort בדרך in dem genannten Verse einen Hinweis auf jene These enthält; oder wenn die These Chanina b. Papas zu Gen. 6, 3 durch die Gelehrten aus den in diesem Verse erwähnten 120 Jahren abgeleitet wird. Zu einem von Berechja in der Erklärung von I Kön. 20, 1 angewendeten zwei Fremdwörtern geben die Gelehrten etymologische Erläuterungen. Zur These Abins zu Gen. 31, 43 geben die Gelehrten eine von der Abins verschiedene exegetische Begründung. Von den tannaitischen Kontroversen sei hingewiesen auf die zwischen Simon b. Jochai und den Gelehrten über das Gotteswort

---

[1]) ריב"ן ור"ש בן לקיש. Zu Ez. 28, 13.

[2]) ריב"ן ור' אס'. Zu Gen. 28, 15.

[3]) Zu Gen. 40, 1 (ohne Einführungsformel).

[4]) Zu Ps. 75, 8. Die Einführungsformel: ר' יונה בשם ר' ביבי ורבנן ; aber die Deutungen selbst werden in umgekehrter Reihenfolge geboten.

am Sinai, und die zwischen Jehuda I und den Gelehrten zu
Gen. 50, 26.

Die Kontroversen beziehen sich nicht immer auf die
Erklärung einer Bibelstelle, manchmal stehen ihre Glieder nur
vermöge einer sie verknüpfenden Analogie einander gegenüber. So unter den Kontroversen zwischen Jehuda, Nechemja
und den Gelehrten die zu 6, 13; die zwischen Acha, Tanchum b. Juda und den Gelehrten, in der je ein Bibelvers zur
Begründung der These, daß man Gott Preis schuldig ist, ob
er Gnade erweist, ob er Leiden verhängt, gebracht wird; die
Kontroverse zwischen Jehuda b. Simon und den Gelehrten
über vier betende Personen der Bibel.

Besonders hervorgehoben zu werden verdient noch die
Kontroverse zwischen Judan, Hunna und den Gelehrten, in
der ein in den drei Teilen der heiligen Schrift vorkommendes Wort (רק) in der Reihenfolge der letzteren zur Illustration
desselben Gedankens durch die betreffende Bibelstelle be-
nützt wird.

Einmal werden nicht die Gelehrten im Allgemeinen,
sondern die des Südens [1]) genannt. Ihre Meinung steht der
Abba b. Kahanas gegenüber (zu Hiob 41, 8.)

II.

Die chronologische Bestimmtheit, welche die Agada der
Gelehrten in den Kontroversen durch die Nennung der die
abweichende Meinung vertretenden Einzelautoritäten erhält,
fällt in der nunmehr zu betrachtenden zweiten Abteilung, in
der die Gelehrten ohneweiters als Urheber eines Agadasatzes
genannt werden, vollständig weg. Bei der Vorführung der zu
dieser Abteilung gehörenden Aussprüche konnte nur eine
sachliche Anordnung gewählt werden, und zwar wird zunächst
der größere Teil derselben (mehr als zwei Drittel) nach der

---

[1]) Über die als רבנן דתמן bezeichneten Gelehrten Palästinas, s. Frankels
Mebô 6a, 73a. Der Ausdruck רבנן דתמן findet sich in zwei Berichten
des babylonischen Talmuds in Bezug auf eine frühere Zeit, als die Abba
b. Kahanas angewendet: Erubin 65b (Amoräerzeit, 3. Jahrhundert):
Jebam. 62b (Akibas Zeit).

Reihenfolge der biblischen Bücher, dann der kleinere Teil
nach inhaltlichem Gesichtspunkte geordnet.

Was die Fundorte dieser den Gelehrten zugeschriebenen
Agadasätze betrifft, so enthalten die beiden Talmude nur
eine kleine Anzahl derselben[1]); die älteren Midraschwerke,
Genesis r., Lev. r., Pesikta zusammen etwa vierzig[2]), die
Midraschim zu den fünf Rollen fünfundzwanzig[3]); Midrasch
Samuel 4. Die Tanchuma-Midraschim zum Pentateuch, in
denen in der Regel רבותינו für רבנן gesetzt ist, weisen ein
halbes Hundert auf; von den zum Kreise der Tanchuma-
Midraschim gehörenden Werken haben Exod. r. und Num. r.
zusammen etwa 40 Agadasätze der Gelehrten, Pesikta rab-
bathi zehn, Midrasch Tehillim etwa ein Dutzend. Eine ganz
besondere Stellung nimmt in diesem Punkte Deuteronomium
rabba ein. Es ist das ein reiner Tanchuma (Jelamdnnu-Midrasch),
hat aber auch gewisse, auf den Redaktor zurückgehende indi-
viduelle Züge. Ein solcher Zug ist auch die große Anzahl
von Agadasätzen der Gelehrten (nahezu fünfzig), namentlich
aber die konsequente Anwendung des alten aramäischen Ausdruckes רבנן und nicht — wie zu erwarten wäre — רבותינו.
Es scheint das eine absichtliche Wiederbelebung des aramäischen Ausdruckes zu sein.

Bei vielen unserer Aussprüche läßt sich die Quelle in
der Traditionsliteratur nachweisen. Aus der Mischna Taanith III, 8 stammt, was in Tanch. B וארא 22 mit אמרו רבותינו
eingeleitet ist. Zu mehreren Aussprüchen findet sich die Quelle
in anonymen Baraithasätzen[4]). Von dem tannaitischen Midrasch zu Deut. 22, 7 ist verschieden die den Gelehrten zu-
geschriebene Deutung zu diesen Versen. Sehr oft läßt sich
zu einem Agadasatze der Gelehrten in einer andern Quelle
eine bestimmte Autorität als Urheber nachweisen. Es finden

---

[1]) Jeruschalmi 7, Babli 5.

[2]) Der größte Teil fällt auf Gen. r.

[3]) Außerdem Midr. Panim Acherim zu Esther 5. Abba Gorion 1.

[4]) S. die Anmerkungen zu Gen. 24, 66; Num. 4, 18; zu Hiob
33, 23; zu dem zweiten der unter „Messianisches‟ gebrachten Aussprüche,
zu dem ersten der unter „Gott und Welt‟ gebrachten Aussprüche.

sich unter diesen Sätzen Aussprüche von Tannaiten[1]), palästinensischen Amorären[2]) und babylonischen Amoräern[3]). Diese Beispiele sind deshalb lehrreich, weil sie zeigen, wie sich in der agadischen Überlieferung das Gedächtnis des Autors eines Ausspruches verwischt und was Einzelmeinung war, als Kollektivmeinung der Gelehrten überliefert wurde.

In einigen Fällen nennt eine jüngere Quelle die Gelehrten als Urheber eines Ausspruches, den die ältere Quelle anonym, ohne weitere Angabe, darbietet[4]).

In Gen. r. (c. 75) zu 32, 4 folgt nach einer anonymen Erklärung eine gegenteilige Erklärung der Gelehrten[5]) mit einer Begründung derselben durch Chama b. Chanina. Der letztere Umstand beweist, daß eine von altersher, vielleicht aus tannaitischer Zeit überlieferte Meinung als die der Gelehrten bezeichnet ist[6]).

Einigemale werden agadische Autoritäten als Tradenten des Ausspruches der Gelehrten genannt. So Jochanan[7]),

---

[1]) S. die Anmerkungen zu Gen. 14, 14; Exod. 1, 7; 2, 25; 4, 14; 15, 25; Deut. 9, 12; I Sam. 2, 6; Prov. 12, 27: Die unter den „Gruppensätzen“ gebrachten Aussprüche über die drei Arten erlaubten Aberglaubens, der unter „Gebote“ gebrachte Ausspruch zu Lev. 12, 6.

[2]) S. die Anmerkungen zu Gen. 9, 25; 11, 1; 12, 17; 14, 14; 28, 11; 30, 1; 30, 21; 38, 1; 44, 18; Exod. 2, 4; 32, 1; 34, 27; Num. 5, 12; Deut. 1, 28; 31, 14; Jos. 24, 30; II Sam. 24, 16; Jes. 27, 11; Ez. 28, 13; Ps. 16, 1; 68, 18; 84, 8; 93, 3; Prov. 31, 2; Hoh. 1, 1; 4, 12; Echa 2, 13; Dan. 5, 8; 6, 18. Außerdem mehrere Anmerkungen zu den unter „Sentenzen“, „Gruppensätze“, „Gebote“, „Israel“, „Messianisches“, „Gott und Welt“ gebrachten Aussprüchen.

[3]) S. die Anmerkungen zu Exod. 8, 14; II Sam. 6, 13; Echa 1, 14; Esther 4, 4; 4, 5.

[4]) S. zu Gen. 20, 4; ferner zu dem ersten der „Gruppensätze“ und zu dem in demselben Abschnitte gebrachten Ausspruch über die drei Arten des Kusses.

[5]) Vgl. die Stellen der Mischna, an denen nach einem anonymen Satze die gegenteilige Meinung der חכמים gebracht wird (Sabbath XXI, 3; Kethub. XI, 3; B. M. V, 11; Kelim XX, 7).

[6]) S. auch zu Ps. 81, 7.

[7]) S. zu Gen. 1, 2 (hier חכמים). Vielleicht muß zu Gen. 38, 29 (Gen. r. c. 85 g. E.) statt רבי בכל הדור gelesen werden: רבי בכל הדור.

Chanina der Bibelleser[1]), Samuel b. Nachman[2]), Jehuda b. Schalom[3]). Tanchuma[4]). Einmal lautet die Einführungsformel: Im Namen der Gelehrten sagte man[5]).

Zwei Prooemien werden als von den Gelehrten herrührend bezeichnet[6]). Sie gehören zu den zahllosen anonymen Prooemien, die ohne jede Einführungsformel in die Midraschliteratur aufgenommen wurden.

Bei einigen Schriftauslegungen findet sich eine das Verbum פתר anwendende Einführungsformel, wie sie bereits oben[7]) unter den agadischen Kontroversen erwähnt war[8]).

Einmal wird nur die durch den Bibeltext veranlaßte Frage im Namen der Gelehrten vorgetragen. Die Beantwortung der Frage ist einem mit Namen bezeichneten Agadisten zugeschrieben[9]).

Manchmal findet sich die Exegese der Gelehrten als rezipierte Auffassung des Schrifttextes in den alten Ubersetzungen wieder[10]).

In diese zweite Abteilung habe ich auch diejenigen agadischen Kontroversen aufgenommen, in denen die palästinensischen und die babylonischen Gelehrten einander gegenüberstehen. Sie beziehen sich auf Stellen der Klagelieder[11]) und des Estherbuches[12]) und auf eine Stelle des Buches der Richter[13]).

———

[1]) S. zu II Sam. 12, 9.

[2]) S. zu Num. 11, 20 (בחיי שבטיה).

[3]) S. zu Num. 3, 41 und zu Jos. 24, 31.

[4]) Ruth r. zu 2, 4 (unter „Gruppensätze"); ib. zu 2, 14 (unter „Messianisches").

[5]) S. zu Hoh. 2, 1.

[6]) S. die Anmerkungen zu Exod. 1, 4 und zu Ps. 24, 3.

[7]) S. oben Seite 11, Anm. 2.

[8]) S. zu Num. 5, 2; 5, 12; Ps. 23, 3. — S. auch zu Ps. 16, 1.

[9]) S. zu Num. 4, 7.

[10]) S. die Anmerkungen zu Richter 4, 18 und 5, 14.

[11]) S. zu Echa 1, 7 (zweimal) und 3, 42.

[12]) S. zu Esther 4, 4 und 4, 5.

[13]) S. zu Richter 4, 18.

Ein einziges Mal, und zwar im jerusalemischen Talmud
werden als Kollektivurheber eines Agadasatzes nicht die Gelehrten schlechthin, sondern „die Gelehrten der Agada"[1])
genannt[2]). Diese Bezeichnung, der sich vorzugsweise der
nicht zur Halacha gehörigen Schriftauslegung widmenden
Amoräer des heiligen Landes, obwohl nur einmal in unserer
hier dargebotenen Zusammenstellung vorkommend, darf verallgemeinert werden, indem man annimmt, die Gelehrten,
deren Agadasätze hier gesammelt sind, waren vorzugsweise
die Gelehrten der Agada.

I.

Agadische Kontroversen der Gelehrten.

A. Tannaiten.

1. Akiba.

Aus der vorhadrianischen Zeit werden nur bei
einigen Agadasätzen Akibas entgegenstehende Ansichten
der Gelehrten überliefert[3]). Den Ausdruck „wie eine Witwe",
Echa 1, 1 erklären sie mit dem Hinweis auf Jerem. 51, 5

---

[1]) רבנן דאגדתא. (Der Ausdruck findet sich noch in dem zu Deut.
1, 28 erwähnten Ausspruche Jona's, j. Maaseroth 48d, 58). Zeïra nennt
sie wegwerfend אמרי דאגדתא („die von der Agada"), j. Maaseroth 51a
oben (s. Ag. pal. Am. II, 297, 3). Sie heißen auch בעלי הגדה, s. Pesikta 188b; Chagiga 14a (in Baba Bathra 8a ist בעלי הגדה nebst בי הלכה
späterer Zusatz. Der Singular בעל הגדה in j. Horajoth 48c, 21).

[2]) S. zu I Sam. 17, 23.

[3]) In Gen. r. c. 5 (3) folgt nach den Deutungen von Eliezer b.
Hyrkanos und Josua b. Chananja zu רבים, Ps. 93, 3 eine Deutung
der Gelehrten; jedoch steht diese nicht in sachlicher Beziehung zu jenen.
— In Pesikta 12b ist die Mitteilung über die Kontroversen der Tannaiten
zu Prov. 14, 34 mit der Angabe eingeleitet: ר' אלעזר ור' יהושע ורבנן.
Jedoch folgt keine besondere Deutung der Gelehrten zu dem genannsen
Verse. Vielleicht soll hier רבנן auf die anderen als Urheber von Deutungen
der Proverbeien zu nennenden Tannaiten hinweisen. S. über die Pe-
siktastelle A. T. I 34, 4. Erwähnt sei noch die die E. und J.'s Ansicht
über die Psalmen kombinierende Ansicht der Gelehrten (רבנן) Pesachim
117b (A. T.I 119, 3).

(„nicht verwitwet ist Israel")[1]). — Zu Gen. 6, 21 bringt eine
Quelle[2]) eine Kontroverse zwischen Akiba und den Gelehrten, deren Bestandteile sich in einer anderen Quelle als Aussprüche eines späteren Agadisten finden[3]). — Die in der T o -
s e f t h a Edujoth I, 15[4]) sich findende Kontroverse über die
in Exod. 23, 26 verheißene volle Lebenszeit und deren Ver-
längerung oder Verkürzung wird in der späteren agadischen
Tradition[5]) auf anachronistische Weise durch den Hinweis auf
einen Vorfall aus der Zeit Jehudas I. erweitert[6]). — Eine der
vier im tannaitischen Midrasch[7]) gebrachten Kontroversen zwischen P a p p o s und A k i b a, in denen dieser die Kühnheit der
Schriftdeutung des Pappos zurückweist, nämlich die Deutung von
Gen, 3, 22, wird in einem späteren Midraschwerke[8]) anders
überliefert, indem Pappos Ansicht Akiba, Akibas Ansicht den
Gelehrten zugewiesen wird, während Pappos die Ansicht
eines pal. Amora vertritt[9]).

2. Die Schüler Akibas[10]).

M e i r.

Zu Exod. 32, 7. Daß רד die Andeutung enthält, Moses
möge das Volk züchtigen (von פְּרְדוּה), geben die Gelehrten
zu; aber sie finden diese Aufforderung in den Worten Moses'
an die Leviten (unten V. 27): „So spricht der Ewige der

[1]) Echa r. z. St. (A. T. I', 285, 3) ר' עקיבא ירבן.

[2]) Tanch. B. נח 2, Tanch. 8a.

[3]) Abba b. Kahana (A. P. II, 485, 8, 9), Gen. r. c. 31 g. E.

[4]) Ebenso die Bar. Jebamoth 49a (A. T. I², 330).

[5]) Koh. r. zu 3, 2.

[6]) Dem חכמים in Tos. und Bar. entspricht in Koh. r. רבנן und
im weiteren Berichte: חכימיא רבנן. Vielleicht ist חכימיא eine durch die
tannaitischen Parallelstellen veranlaßte Glosse.

[7]) Mechilta zu Exod. 14, 18 (33a); in Mechilta S. b. J. zu Exod.
14, 27 (p. 54); ebenso Gen. r. c. 22 (5).

[8]) Schir r. zu 1, 9 (s. A. T. I - 318, 3).

[9]) . . . חכמים אומרים לא כדברי זה ולא כדברי זה אלא מהמה ש. Die
Ansicht des pal. Amora, s. A. P. I, 180, 2.

[10]) Zu den älteren Schülern Akibas gehört auch B e n Z o m a. Mit
dessen Deutung zu Deut. 16, 3 wird zugleich auch die Deutung der Gelehrten überliefert, M. Berach. I, 5 und Parall. S. Ag. d. Tann. I', 426.

Gott Israels" auch ausdrücklich angeführt[1]) — zu Ps. 73, 4[2]). —
Zu Ps. 87, 5: Meir erklärt מעיני als „Quellen:" wie nie ver-
siegende Quellen strömen zu Gottes Preise in Israel stets
Lobgesänge. Die Gelehrten sehen in מעיני eine Andeutung
der Frauen (nach Hoh. 4, 12): Frauen stimmen gleicherweise
Lobgesänge an[3]). — Prov. 6, 16. Meir erklärt die beiden
Zahlen so: 6 und 7 (zusammen 13). Die Gelehrten erklären:
6 und das 7., von allen härteste[4]). — Die Stätte der im
Hohenliede enthaltenen Zwiesprache zwischen Gott und Israel
ist die Stiftshütte, das Heiligtum der Wüste. So nach Meir.
Die Gelehrten erklären: es sei das Heiligtum von Jerusalem.
Beide berufen sich auf Hoh. 4, 16[5]).

Simon b. Jochai.

Zu Gen. 15, 9 f. Nach den Gelehrten sind in den von
Abraham zu bringenden Opfern alle Arten des dereinstigen
Sündopfers (Lev. 4 und 5) angedeutet, mit Ausnahme des
von den Ärmsten zu bringenden Mehlopfers (Lev. 5, 11).
Nach Simon b. Jochai ist in dem Worte אלה (Gen. 15, 10,
verglichen mit מאלה, Lev. 2, 8) auch dieses angedeutet[1]).
Zu Num. 14, 37: Auf die Frage, welchen Todes die das
heilige Land verleumdenden Kundschafter starben, geben die

---

[1]) Exod. r. c. 42, 5 (II, 42, 4): ... [illegible].

) Lev. r. c. 17, 1: [illegible]. S. II.
44, 1. Das Wort המורים deuten die Gelehrten ebenso wie Meir; in אורים
sehen sie, nach I Kön. 7, 7, einen Hinweis auf das die Frevler erwar-
tende Gericht.

Midr. Teh. z. St.: [illegible]
[illegible].

Lev. r. c. 16 (1)!: [illegible]
II, 15, 1) [illegible]
[illegible]. Vgl. Vulgata: et septimum detestatur anima ejus.

Schir r. zu 1, 2 Anf. (II, 115, 2): [illegible]
[illegible]
[illegible].

) Lev. r. c. 3 (3: [illegible]. I
Gen. r. c. 44 (14 fehlt die Einführungsformel und die erste Ansicht ist
S. b. J. zugeschriebe. Die Version in Lev. r. scheint die ursprüngliche
zu sein. Vgl. die nächste Anm.

Gelehrten und Simon b. Jochai verschiedene Antworten[1]). — Die Frage, auf welche Weise das Gotteswort am Sinai von Gott ausging und zu Israel gelangte, beantwortet Simon b. Jochai; seine Antwort wird von den Gelehrten berichtigt[2]). — Der Name לבנון für das Heiligtum beruht nach Simon b. Jochai darauf, daß alle Herzen sich an ihm erfreuen (nach Ps. 48, 3), nach den Gelehrten darauf, was in I Kön. 9, 3 von ihm gesagt ist („mein Auge und mein Herz")[3]). — Echa 1, 19 deuten die Gelehrten auf die wahren Propheten, Simon b. Jochai auf die falschen Propheten[4]).

Jose b. Chalaftha.

Der Widerspruch zwischen II Sam. 5, 21 und I Chron. 14, 12 gleicht Jose b. Chalaftha so aus, daß an der einen Stelle von hölzernen Götzenbildern die Rede ist, die David verbrennen ließ, an der andern von metallenen, die hinweggetragen wurden. Die Gelehrten geben eine halachische Lösung[5]).

---

[1]) Koh. r. zu 9, 12: במה הימתי רבנן ורשב״י רבנן אמרין . . . ורשב״י
אימ׳ . . . Dann folgen die exegetischen Begründungen für die beiden Ansichten, für die der Gelehrten von Jehuda b. Simon, für die S. b. J.'s von Berechja (II, 112, 3; A. P. III, 185, 3). In Sota 35a ist die Ansicht der Gelehrten dem bab. Amora Nachman b. Jizchak zugeschrieben. Statt רב נחמן בן יצחק hat Cod. München bloß רב נחמן, woraus רבן גמלי׳אל im Jalkut z. St. (§ 745 Anf.).

[2]) Schir r. zu 1, 2 (8c ed. Wilna): ביצד הדבור יוצא מפי הקב״ה
רשב״י ורבנן רשב״י א׳ . . . ורבנן אמרין . . . Die Meinung S. b. J.'s ist die im Sifre zu Deut. 33, 2 (§ 343) anonym stehende.

[3]) Schir r. zu 7, 5; Num. r. c. 8 Anf.; ורבנן . . . רשב״י אמר
אמר . . . Die gewisse Grundlage der Kontroverse ist die Herleitung des Wortes לבנון von לב. Vorhergeht die anonyme Deutung des Sifre zu Deut. 3, 25, in Schir r. ר׳ טביימי zugeschrieben. In Lev. r. c. 1 (2) ist die anonyme Deutung mit תני רשב״י eingeleitet; dann folgt die Kontroverse mit ר׳ טביימי anstatt ר״ש בן יהי. Vielleicht ist der Name Tabjomi hier nur durch falsche Lesung aus ר ש׳ ב׳ יהי entstanden. Dann ist III, 750, 9 zu streichen.

[4]) Echa r. z. St.: רבנן פתרי קריא בנביא השקר . . . רשב״י פ׳ ק׳
בנביאי האמת. S. T. II, 131, 5.

[5]) J. Ab. zara 42d, 43: ר׳ יסי בר חלפיתא ורבנן . . . Der Ansicht der Gelehrten entspricht die im babyl. Talmud, Aboda zara 44a als die des bab. Amora Huna gebrachte.

Jehuda b. Ilai.

Beantwortung der Frage über den Weg der Sonne und des Mondes am Firmamente[1]. — Worin unterschied sich Moses von allen andern Propheten? Auf Grund des Bildes vom Spiegel beantwortet[2]. Die Gelehrten finden den Unterschied darin, daß die andern Propheten ihre Gesichte wie aus einem getrübten Spiegel sahen (so verstehen sie Hosea 12, 11), während Moses wie aus einem klaren Spiegel deutlich sah (Num. 12, 8)[3]. — Zu Exod. 28, 34. Die Zahl der am Gewande des Hohenpriesters angebrachten Granaten und Schellen. Jehuda: je 36, die Gelehrten: je 72[4]. Zu II Chron. 6, 42. Jehuda: Als Salomo sein Gebet mit den Worten schloß: gedenke der Gnadenerweisungen für deinen Diener David — erstand David zum Leben. Die Gelehrten: Davids Sarg war gegenwärtig[5].

Nechemja.

In der Benediktion beim Genusse des Brotes muß es heißen הַמּוֹצִיא, was auf die Vergangenheit hinweist („der das Brot wachsen ließ"). So Nechemja; die Gelehrten schreiben vor, מוֹצִיא zu sagen, als Hinblick auf die Zukunft, von der Ps. 72, 16 spricht[6].

---

[1] Gen. r. c. 6 (8): מעשה בלילה הזה ילבות שוקעים ... יהודה ... בן אלעא ... רבנן אמרין ... אמר ... בנן ... S. II, 221, 3. Die ähnliche Kontroverse zwischen den jüdischen Weisen und den heidnischen Weisen in Pesachim 94b bezieht sich nur auf die Sonne. Der Ansicht der Gelehrten entspricht die der heidnischen Weisen.

[2] Lev. r. c. 1 (14): מה בין משה יבל הנביאים ... בר אילעא רבנן ... (II, 214, 1).

[3] In der anonymen Bar. Jebamoth 49b ist die Ansicht der Gelehrten wiedergegeben.

[4] Lev. r. c. 21 (7), wo statt ר׳ יהודה בן אלעזר gelesen werden muß ר׳ יו בן אלעא. Zu Grunde liegt die Baraitha in Zebachim 88b, wo die Ansicht der Gelehrten als erste anonym steht, die J. b. Ilais dann durch Dosa tradiert wird. — Zu Josua 20, 1 (Makkoth 11a), s. II, 210, 4.

[5] Koh. r. zu 4, 3: ר׳ ... לעזי רבנן ...

[6] J. Berach. 10a, Gen. r. c. 15 (7), tradiert von Jakob b. Acha: אשרצו יו הבנים רבנן ... א ... יהודה א׳ ... S. II, 232, 5.

Eleazar b. Jakob.

Zu Gen. 15, 7. Der Engel Michael rettete Abraham aus dem Feuerofen. So Eleazar b. Jakob; nach den Gelehrten heißt es ausdrücklich: „der ich dich herausgeführt habe aus dem Feuer Kasdims;" also Gott selbst rettet Abraham; als Retter aus dem Feuerofen wirkt Michael bei den drei Freunden in Dan. 3[1]. — Zu Gen. 35, 10. Der Ausdruck כברת הארץ bedeutet die Jahreszeit. Eleazar b. Jakob leitet das Wort von כְּבָרָה und בָּר ab: die Erde gleicht einem Siebe und die Getreidesaat[2] ist bereits da; die Gelehrten finden die Wörter בָּר, כְּבָר und עבר zu כברת kombiniert: „längst" ist die „Getreidesaat" da, die Regenzeit ist „vergangen" und die Sommerglut noch nicht gekommen[3]. — Lev. 14, 34. Das heilige Land heißt das Land Kanaans; nach Eleazar b. Jakob: weil Kanaan der Stammvater der übrigen es bewohnenden Völker war (Gen. 10, 15), nach den Gelehrten, weil die Bewohner Kaufleute (כנענים, Jes. 23, 8) waren[4]. — In Bezug auf das Sündenbekenntnis am Versöhnungstage lehrt Eleazar b. Jakob, daß im Vorjahre bereits eine bekannte Sünde, wenn sie nicht wieder begangen werde, nicht im Sündenbekenntnisse zu erwähnen ist. Die Gelehrten heißen auch die früher begangenen Sünden bekennen, wegen Ps. 51, 5[5].

Jonathan.

Zu Num. 6, 9. Erklärung der beiden Synonymen בפתע פתאום[6].

---

[1] Gen. r. c. 34 (13), dasselbe als Deutung zu Hoh. 1, 12. Schir r. z. St. Hier auch die Einführungsformel: ר"א בן יעקב ירבנן.

[2] בָּר so verstanden wie in Ps. 65, 14.

[3] Gen. r. c. 82 (7). Der Schilderung der Jahreszeit bei den Gelehrten entspricht die Übersetzung der Vulgata: venit verno tempore in terram. Ebenso Targ. Jer. אשיין עללתא דארעא.

[4] Lev. r. c. 17 (5): ... ר"א בן יעקב ורבנן.

[5] Midr. Teh. zu Ps. 32, 2. In der Tosefta Jom kipp. 5, 15, Bar. Joma 86b hat gerade El. b. Jakob die zweite Ansicht, die erste steht vorher anonym. In Midr. Teh. sind also wohl die Autorangaben umzukehren.

[6] Num. r. c. 10 (13). Die Erklärung Jonathans findet sich in seinem Namen in Sifre z. St. (§ 28), anonym mit den biblischen Belegen,

3. Jehuda und Nechemja.

Unter den zahlreichen Kontroversen, die die agadische
Überlieferung im Namen der beiden Tannaiten J e h u d a
(b. Ilai) u n d N e c h e m j a enthält[1]), finden sich etwa
v i e r z i g solche, bei denen außer den Meinungen Jehuda's
und Nechemjas auch eine dritte, die der Gelehrten, mitgeteilt wird. Sie beziehen sich auf Stellen des Pentateuchs, des
Buches Samuel und einen Teil der Hagiographen. Die Mitteilung der drei Meinungen beginnt in der Regel mit der einführenden Formel: „R. Jehuda, R. Nechemja und die Gelehrten" [waren verschiedener Meinung][2]).

Genesis 14, 13. Abraham wird עברי genannt, weil er
von jenseits (מעבר) des Stromes kam; ferner weil er hebräisch
(לשין עברי) redete[3]). — 14, 22. Der Ausdruck הרימות deutet an,
daß Abraham nach seinem Siege einen Sang anstimmte,
vgl. ואנוהו (Exod. 15, 2)[4]). — 18, 23. Der Ausdruck ויגש
bedeutet das Antreten zum Gebete, wie in I Kön. 18, 36[5]).
— 27, 41. Esau dachte: Wenn ich Jakob töte, wird über mich
Gericht gehalten werden. Besser, ich verschwägere mich mit
Ismael, der seine Ansprüche auf die Erstgeburt geltend machen
und Jakob töten wird; dann werde ich als Bluträcher Ismael
töten unb so zwei Familien beerben. Dies ist angedeutet in
den Worten, die Ezechiel 35, 10 Edom in den Mund gelegt

wie in Num. r., in Kerithoth 9a; die der Gelehrten steht anonym in der
andern Baraitha Kerith. ib.

[1]) S. A. T. II, 225—274.

[2]) . . . אמרו רבנן . . . ר'א . . . ר" רבנן נחמיה ר' יהודה ר'. In
den folgenden Anmerkungen wird nur das eventuelle Wegbleiben der
Formel notiert werden. In der Regel gebe ich nur die Meinung der Gelehrten wieder; die Meinungen J.'s und N.'s sind in A. T. an den zu
zitierenden Stellen registriert.

[3]) Gen. r. c. 42 (8); II, 247, 3. Die erste dieser beiden Meinungen,
auf Jos. 24, 3 beruhend, liegt auch der Übersetzung der LXX und
Aquilas zu Grunde (περάτης); die zweite vielleicht der des Hieronymus
(Hebraico).

[4]) Gen. r. c. 43 (9); II, 247, 5: עברי לשין. Darauf folgt eine auf
diese Meinung beruhende Agada von Eleazar (b. Pedath).

[5]) Gen. r. c. 49 (8); II, 248, 3. In Tanch. B. וירא 18 ist den
Gelehrten (רבנין) die Meinung Nechemjas zugeschrieben und umgekehrt.

sind[1]). — 28, 11. Die Zahl der Steine, die Jakob sich zu
Häupten legte, war nach Jehuda 12, nach Nechemja 3, nach
den Gelehrten 2. Die Symbolik, die an diese Zahlen geknüpft
wird, geht bei allen dreien von demselben Grundgedanken
aus, der auf die Beobachtung sich gründet, daß statt der
Steine weiter V. 18 nur ein einziger Stein erwähnt ist[2]). —
32, 6. Die Tiernamen im Singular sind als allegorische Hin-
weise auf die messianische Zeit zu verstehen[3]). — 37, 21.
Reuben empfand Dankbarkeit gegen Joseph, weil ihn dieser,
als er im Traume elf Sterne erblickte (V. 9), damit kundgab,
daß er Reuben, trotz jener Missetat (Gen. 35, 22) zu den
Brüdern rechnete; darum rettete er ihn[4]). — 41, 8. Hier ותפעם
in Dan. 2, 1 ותתפעם, also größere Beunruhigung ob des Traumes.
Beim Traume Pharaos war die Erhöhung und das Leben
eines Einzelnen (Josephs) in Frage, beim Traume Nebukad-
nezars die Erhöhung und das Leben von Vieren (die Daniels
und seiner drei Freunde[5]). — 41, 14 ff. Nach Jehuda waren
eigentlich 14 Jahre der Hungersnot bestimmt über Ägypten
zu kommen, nach Nechemja 28, nach den Gelehrten 42 (da
Pharao im Traume 14 Jahre angedeutet sah, seine Erzählung
vor Joseph die Zahl verdoppelte, die Wiederholung in Josephs
Munde sie verdreifachte)[6]). — 41, 48. In den Vorräten, die
Joseph aus dem Getreide der einzelnen Städte anlegen ließ,
waltete Segen; denn sonst hätte das Getreide nicht solche
Fülle erreicht[7]). 44, 18. Dasselbe, was zu 18, 23[8]). —
46, 10. Die „Kanaaniterin“ ist Dina und wird so genannt,

---

[1]) Gen. r. c. 67 (8); II, 271, 3. Eine andere Version dieses Ausspruches findet sich in Midr. Teh. zu Ps. 14 (2).

[2]) Gen. r. c. 68 (11); II, 271, 4. Gekürzt in Midr. Teh. zu Ps.
91 (6).

[3]) Gen. r. c. 75 (6); II, 249, 4. In Tanch. B. וישלח 5 ist die
Deutung der Gelehrten Nechemja zugeschrieben; sie steht anonym in
Tanch. וישלח Anf.

[4]) Gen. r. c. 84 (15); II, 249, 5. Im Midr. Hagadol ed. Schechter,
Col. 563, Z. 7 ist ר״א aus ר״א (= רבנן אמרי) verdorben.

[5]) Gen. r. c. 89 (5); II, 268, 1.

[6]) Gen. r. c. 89 (9); II, 272, 3.

[7]) Gen. r. c. 90 (5); II, 250, 4.

[8]) Gen. r. c. 93 (6).

weil Simeon sie zu sich genommen hatte und im Lande Kanaan beisetzte[1]). — 44, 11. Der Vers ist allegorisch zu verstehen, als Hinweis auf den Messias (nach Zach. 9, 9)[2]).

Exod. 2, 12. „Er sah, daß kein Mann da sei“: daß weder von diesem Ägypter noch von seinen Nachkommen bis ans Ende der Zeiten Hoffnung erstehen werde[3]). — 2, 14. Sie sagten: Bist du nicht der Sohn der Jochebed, wenn man dich auch den Sohn der Bithja (der Tochter Pharaos) nennt, und du willst Herr und Richter über uns sein[4])! — 2, 19. Er schöpfte Wasser für uns um unserer Väter willen, und schöpfte auch für die Hirten, um Frieden zu stiften[5]). — 2, 21. ויאל bedeutet schwören nach I Sam. 4, 24[6]). — 4, 15. „Seine Füße,“ nämlich die des Kindes[7]). — 6, 14 ff. Hier werden nur die Geschlechter der ersten drei Stämme angegeben, weil diese

---

[1]) Gen. r. c. 80 (11); II, 251, 1

[2]) Gen. r. c. 98 (9); II, 251, 3 (wo N.'s Deutung irrtümlich als allegorisch-messianisch bezeichnet ist; N. deutet den Vers auf Jerusalem). Vgl. die Deutung der Gelehrten Gen. 32, 6 (oben S. 24, Anm. 3). Auch das paläst. Targum deutet unsern Vers auf den Messias.

[3]) Lev. r. c. 32 (4). Exod. r. c. 1 (29); II, 252, 3. Das תוחלה in Lev. r. ergänzt Exod. r. zu ר' של צדיקים. Im Midrasch Abkir (Jalkut z. St.) heißt es im Sinne der Erklärung der Gelehrten: ראה שאין בו צדיק. Ebenso das paläst. Targum: והא לא קאים מן ההיא מצראה גבר צדיק עיבד דמי.

[4]) Exod. r. c. 1 (30); II, 272, 4. Die einführende Formel fehlt.

[5]) Lev. r. c. 34 (8); II, 252, 4. Die Gelehrten fassen die beiden Erklärungen J.'s und N.'s zusammen und erläutern sie.

[6]) Midr. Samuel c. 16 Ende; II, 252, 5. Die Erklärung der Gelehrten steht anonym in Mech. zu Exod. 18, 2 (58a, 3) und in der Bar. Nedarim 65a. In Sifre zu Deut. 1, 5 (§ 4) findet sich die Kontroverse ebenfalls (ויבם – הבמים), dort fehlt die Erklärung Nechemjas. In Exod. r. c. 1 (33) steht die Kontroverse so, daß den Gelehrten (ורבריי) die Erklärung Jehuda's zugeschrieben ist und umgekehrt; ebenso in Tanch. B. שמות 11, nur daß hier die dritte Erklärung ausgefallen ist. In Exod. 2, 21 übersetzt auch die Vulgata: juravit (Symmachus ὤρκισε). Sonst aber folgt Hieronymus der Ansicht Jehudas und übersetzt mit coepisse. S. Rahmer in der Monatsschrift f. G. u. W. d. J. Bd. XLI (1897) S. 626.

[7]) J. Nedarim 38b, 27; II, 252, 6. Nach der einführenden Formel werden die einzelnen Meinungen so eingeführt: חד אמר ... יהודה אמר ... ... יהודה אמר. Ibn Esra im Km. z. St. zitiert als Ansicht Samuel b. Chofnis: daß לרגליי auf das Kind — Eliezer — sich bezieht.

allein in Ägypten die Führerschaft über Israel hatten. Auf
Reuben folgte Simeon, auf diesen Levi; nach ihm sollte
Jehuda folgen, aber eine Himmelsstimme ertönte: Lasset die
Führerschaft Jehudas, bis ihre Zeit kommt! Dies geschah
nach dem Tode Josuas, Richter 1, 2[1]). — 9, 24. Deutung des
Wortes מתלקחת[2]). — 17, 7. Die Worte, mit denen die Israeliten
bei Rephidim Gott versuchten, wollen besagen: Wenn Gott
weiß, was wir in unserm Herzen sprechen, dann wollen wir
ihm dienen; wenn nicht, werden wir von ihm abfallen[3]). —
25, 5. Tachasch ist eine reine Tiergattung, die in der Wüste
zu Hause ist[4]. — 32, 11. ויהל bedeutet: das Bittere süß machen,
Moses ließ die Bitternis Israels durch sein Gebet süß werden[5]). — 32, 16. חרות, l. חרות Freiheit; die Lehre macht frei
nach Jehuda von den irdischen Mächten, nach Nechemja
vom Todesengel, nach den Gelehrten von den Leiden[6]).

    Lev. 6, 13. Nachdem Jehuda und Nechemja die Opfer

---

[1]) Schir r. zu 4, 7; Num. r. c. 13 (8); III, 252, 7. Anders als
hier äußern sich Jehuda und Nechemja in der Mechiltha des S. b. J.
ed. Hoffmann, Nachtrag, p. 171.

[2]) Schir r. zu 3, 11; II, 253, 1. Was hier als Erklärung der Gelehrten steht, ist in Pesikta 4 a Jehuda b. Simon zugeschrieben. In Tanch.
B. וארא 22 wird mit ורבותינו אמרו die Erklärung Nechemjas gegeben,
während Jehudas Meinung im Namen des Jehuda b. Chanina (Vater
Jose b. Chanina) vorausgeht.

[3]) Pesikta 28 a, ebenso Tanch. B. תצא 5; Tanch. B. יתרו 3
(ורבותינו st. מהרהרים: מסיחין), ebenso Tanch. יתרו (87 a); Exod. r. c.
26 (2). — In Pesikta r. c. 13 (55 a) ist die Meinung der Gelehrten im
Namen Abahus mitgeteilt (A. P. II, 131, 3); vielleicht ist ר' אבהו א' aus
רבנן א' korrumpiert. — S. II, 253, 3.

[4]) J. Sabbath 4 d, 56; II, 254, 3. In Pes. r. c. 33 (154 b) ist durch
Ausfall eines Stückes der Name Nechemjas vor die Meinung der Gelehrten
geraten. In Koh. r. zu 1, 9 ist statt der Gelehrten Jochanan als Autor
genannt.

[5]) Exod. r. c. 43 (3): משה עשה את המר מתיק ויהל לישין חלוי. Im
Anschlusse daran wird der Ausspruch Samuel b. Nachmans über Mara
(Exod. 15, 25) tradiert (s. A. P. I, 515, 3). Zum Schlusse: חלי מדירותן
של ישראל ורפא איתן. Zur Bed. „süß“ für חלי s. Levy II, 57.

[6]) Lev. r. c. 18 (3); Schir r. zu 8, 6; Exod. r. c. 41 (7); Tanch.
B. כי תשא 12; Tanch. כי תשא (115 a). In den erstgenannten zwei Quellen
sind die Autorangaben J. und N. umgekehrt. II, 256, 2.

der Stammfürsten (Num. 7, 17) mittels des Wörtchens זה,
das sie einleitet, mit dem Liede am Meere (Exod. 15, 2) und
den Bundestafeln (Exod. 32, 15) in Parallele gebracht, wenden die Gelehrten das זה beim Opfer Aharons an, um dieses
dem Opfer der Stammfürsten gleichzustellen[1]).

Num. 6, 23. Den Priestersegen, der mit dem Wörtchen כה eingeleitet ist, erhält Israel nach Jehuda um Abrahams, nach Nechemja um Isaaks, nach den Gelehrten um
Jakobs willen. Jede der drei Meinungen beruht auf einer
Bibelstelle, an der כה vorkömmt. Als Beweisstelle für Jakob
ist Exod. 19, 3 („Haus Jakobs") angeführt[2]). — 28, 2. Die
Wiederholung des Gesetzes vom täglichen Opfer (nach Exod.
29, 38) ist so zu verstehen, daß an der ersten Stelle die
Lehre, an der zweiten die Ausführung des Gesetzes geboten ist[3]).

Deut. 25, 18. קָרְךָ ist im Sinne von הֵקִירְךָ „er kühlte
dich ab" zu deuten. Amalek nahm durch seinen Angriff
andern die Scheu, sich Israel feindlich zu nähern[4]). — Ib. Unter
denen, die dem Angriffe Amaleks zum Opfer fielen, ist der
götzendienerische Stamm Dan zu verstehen[5]).

I Sam. 2, 5. Channa bekam fünf Kinder (V. 22);
dennoch ist hier von sieben die Rede, weil die zwei Kinder,
welche Peninna kraft des Gebetes Channas am Leben be-
hielt, ebenfalls zu den Kindern Channas gerechnet werden[6]).

[1]) Lev. r. c. 8 (3); II, 256, 4.

[2]) Gen. r. c. 43, (8); II, 256, 3.

[3]) Pesikta 60b; Pes. r. c. 16 (83a); II, 256, 5 (ריבן ל כתמבי באן
ולבשי).

[4]) Pesikta 27a; Pes. r. c. 12 (52a); Tanch. תצא 13: הקירן לבני
אדם. Dazu ein Gleichnis von Huna (Chanina) von einem heißen Kessel,
dem Niemand sich zu nähern wagte, bis ein Waghals hineinsprang, zwar
selbst Schaden litt, aber Anderen das Gleiche zu tun leichter machte. —
II, 257, 2.

) Pesikta 27b; Pes. r. c. 12 (52b); Tanch. תצא 15; II, 257, 3.
Die Meinung der Gelehrten ist im pal. Targum zu Deut. 25, 18 (Ps.-
Jonathan) wiedergegeben.

') Pesikta r. c. 43 (182a); II, 257, 4. In Midr. Sam. c. 5 (10)
ist die Kontroverse nicht vollständig gegeben, Nechemjas Erklärung weggefallen und sein Name zur dritten Erklärung gestellt.

— II Sam. 15, 32. Der Beiname ארכי kömmt von der Stadt,
die Chuschais Heimat war[1]).

Ps. 21, 4. In dem Ausdrucke ברכות טוב bedeutet nach
Jehuda טוב Moses (wegen Exod. 2, 2), nach Nechemja Gott
(wegen Ps. 145, 1), nach den Gelehrten die Thora (wegen
Prov. 4, 2)[2]). — Ps. 109, 14. Esaus „Sünde gegen seine Mutter", von der hier die Rede ist, bestand darin, daß durch seine
Schuld ihrem Sarge nicht die öffentliche Ehre erwiesen wurde.
Denn als sie starb, war Abraham bereits tot. Isaak war blind
und ans Haus gefesselt. Jakob war vor Esau entflohen, sollte
etwa Esau den Sarg der Mutter zum Grabe geleiten, damit
die Menschen sagen: Fluch den Brüsten, die einen solchen
Sohn gesäugt haben. So wurde sie denn bei Nacht still zu
Grabe geleitet[3]). — Ps. 149, 6. Das „zweischneidige Schwert"
in den Händen der Frommen bedeutet, daß ihr Wort Wirkung
hat auf Erden und in der Höhe, sie sind „Fürsten des Heiligtums und Fürsten Gottes" (I Chron. 24, 5)[4]).

Prov. 21, 22. עז bedeutet die Thora[5]). מבטחה bedeutet
nach Jehuda das Vertrauen, das die Engel hegten, die Thora
wäre für sie allein bestimmt, bis Gott ihnen sagte (Hiob
28, 13): „sie wird nicht im Lande der Lebenden gefunden"[6]);
nach Nechemja das Vertrauen, das in der Thora selbst enthalten ist, indem die Zuversicht auf den für ihre Beobachtung
gewährten göttlichen Lohn an sie geknüpft ist; nach den Ge-

---

[1]) Midr. Tehillim zu Ps. 3 (3); II, 260, 3. Die Einführungsformel
wie oben S. 25, Anm. 7. Gemeint ist ארבי in Jos. 16, 2. Vulgata: Arabisches
Targum: ארבאה. Hingegen LXX: ἀρχιεταιρος.

[2]) Midr. Teh. zu Ps. 21 (4). In II, 262 fehlt die Kontroverse.
Ohne Einführungsformel.

[3]) Pesikta 23 a; Tanchuma B. הצא 4; II, 271, 2. In Pes. ist vor
der Einführungsformel Tanchum[a] b. Abba als Tradent genannt.

[4]) Pesikta 102 b; Schir r. zu 1, 2 (ישקני Ende); II, 263, 1. Nach
Schir r. ist es Levi, der den Chronikvers zur Begründung der Ansicht
der Gelehrten anführt (אמר לי׳ טעמיהון דרבנן).

[5]) Das עז die Thora bedeutet, ist ein agadischer Gemeinplatz. S.
bei Meir A. T. II, 58.

[6]) Nach Akiba bed. ה in Exod. 33, 20 die himmlischen Lebe-
wesen. S. Sifre zu Num. 12, 8 (A. T. I², 335).

lehrten das Vertrauen des um die Thora sich Bemühenden, daß, was er anordnet, von den andern betätigt wird[1]).

Hohelied 2, 8. Der „Freund" ist Moses. Als er zu Israel sprach: in diesem Monate werdet ihr erlöst werden, sagten sie ihm: Wie können wir, da wir doch keine guten Handlungen aufzuweisen haben, erlöst werden? Darauf Moses: Da er euch erlösen will, blickt er nicht auf eure bösen Handlungen, sondern auf die Handlungen der Frommen, wie Amram und sein Kollegium. „Berge" und „Hügel" bedeuten die Mitglieder des obersten Richterkollegiums, wie in Richter 11, 37[2]).

Echa 1, 1. Warum sind die Klagelieder alphabetisch geschrieben? Weil Israel von א bis ת gesündigt hat[3]). — 4, 4. אין להם מנחם bedeutet: es ist niemand da, der sich in Reihe aufstellte, um ihnen das Trostwort zuzurufen[4]).

Koh. 4, 1[5]). „Die Tränen der Bedrückten, für die es

---

[1]) Lev. r. c. 31 (5), von Acha (Tradent Josua v. Sichnin) als zweiter Teil seiner Deutung des Proverbienverses angeführt. Zu den Sätzen בכל מעשי אדם מקרבין vgl. in der Deutung der Gelehrten zu Ps. 149, 6 (ob. S. 28, Anm. 4): בני על העליונים מן ישראל ע‍ על התחתונים ע‍.

[2]) Pesikta 47b; Pes. r. c. 15 (70b); Schir r. z. St.; II, 263, 3. — Zu Ri. 11, 57 s. A. P. III, 770, 4.

[3]) Echa r. zu 1, 1 Ende; II, 264, 1. Nur in Bubers Ausgabe (p. 57). In der gewöhnlichen Ausgabe sind רבנן in der Einführungsformel zwar genannt, doch fehlt dann ihre Meinung. לפי שעברו מאל״ף ועד ת׳ meint wohl eine alphabetische Sündenliste, wie in dem Sündenbekenntnisse אשמנו und על חטא שחטאנו.

[4]) Echa r. z. St.; II, 264, 3: אין להם מי שירא בעמידה. Dann die Ableitung des Verbums von מפרסת פרסה (Lev. 11, 3), wobei an die eine Reihe bildenden Klauen gedacht ist.

[5]) Koh. r. z. St. Hier ist die Tradition der Kontroverse in Verwirrung geraten. Nach der Einführungsformel ר‍ ר‍ : רבנן folgt die Deutung der Kohelethverse durch Jehuda (ר‍ אמר ר‍) auf die durch die Sünde ihrer Eltern gestorbenen Kinder. Daran schließt sich ein Ausspruch Josua b. Levis (tradiert durch Jehuda b. Ilai!) über die ihre Eltern von der Höllenstrafe erlösende Kinder (wohl apokryph). Hierauf folgen weitere Deutungen des Kohelethverses eingeleitet mit ר‍ בר קמרא ר‍ (s. A. P. I, 15, 5), ר‍ בריה ד‍ ד‍ (ib. III, 662, 3) und רבי בריה קמרא. Die „Gelehrten" sind wohl die in der Einführungsformel genannten. Die Deutung N.'s fehlt.

keinen Tröster gibt." Das sind die von den Völkern der Welt
Bedrückten. Gott wird sich ihrer annehmen nach Jerem. 50,
33 f.: „Bedrückt sind die Kinder Israels und Jehudas....
ihr Erlöser ist stark.... er wird ihren Streit führen.... —
4, 9. „Besser sind die Beiden", d. i. Mordechai und Esther,
„als der Eine", als wenn Jeder für sich wäre; „der dreifache
Faden", d. i. Ahasveros, der ihnen beistimmt (Esther 8, 8)[1]). —
5, 8. Der erste Satz bedeutet: Auch Geschöpfe, die „auf
Erden überflüssig" zu sein scheinen, wie Fliegen, Flöhe, Mücken,
sind „im Ganzen" der Schöpfung mitinbegriffen, nach Gen.
2, 1[2]). — 8, 8. Der Mensch hat nicht Gewalt über seinen
eigenen Geist, ihn aus sich zu entfernen[3]).

Esther 3, 1. „Nach diesen Worten". Das deutet auf
verborgene Erwägungen. Nach Jehuda die Hamans, nach
Nechemja die des Königs, nach den Gelehrten die Gottes:
Haman sollte erhöht werden, damit die von ihm angehäuften
Schätze Mordechai zufallen, der sie beim Bau des Tempels
verwenden würde[4]).

4. Spätere Tannaiten.

Jehuda I.

Zu Gen. 50, 26. Warum starb Joseph vor seinen Brüdern? Nach Jehuda I: weil er seinen Vater einbalsamieren
ließ. Nach den Gelehrten, tat er dies auf Geheiß des Vaters;
aber er mußte deshalb büßen, weil er anhörte, wie Jehuda
vor ihm von Jakob so sprach: „Dein Knecht mein Vater"
(Gen. 44, 24; 27; 30, 31) und dazu schwieg[5]).

[1]) Koh. r. z. St.; II, 265, 2.

[2]) Lev. r. c. 22 (2); Koh. r. z. St. Ohne Einleitungsformel: die
vorhergehenden Deutungen von J. und N. erstrecken sich auch auf die
andern Teile des Textes (Koh. 5, 8 f.), s. II, 265. In Exod. r. c. 10 (1)
steht der Satz der Gelehrten (רבותינו אומרין) allein, dann ein ähnlicher
Ausspruch von Abba b. Chanina (A. P. III, 546, 1). In anderer Form
steht der Satz der Gelehrten (רבנן אמרי), ebenfalls allein, in Gen. r. c. 10 (7).

[3]) Koh. r. z. St. S. II, 266, 2.

[4]) Abba Gorion z. St. (ed. Buber S. 11); II, 267, 5. Ohne Einführungsformel. Statt הכסף : רבנין.

[5]) Gen. r. c. 100 (3): רבנן אמרי — רבי ... אמר. II, 484, 1. —

B e n a j a.

Wann ist der Trieb zum Götzendienste aus Israel für immer entwurzelt worden? Nach Benaja in den Tagen Mordechais und Esthers; nach den Gelehrten in den Tagen von Chanania, Mischael und Azarja (Dan. 3)[1].

S i m a i.

Im babylonischen Talmud wird aus einem Vortrage Simais die Auslegung von Koh. 5, 9 mitgeteilt[2]. Den ersten Teil des Verses deutet er auf Moses und seine Verfügung über die Zufluchtstätte (Deut. 4, 41); den zweiten Teil erklärt er so: Wem ziemt es, „in der Menge" (öffentlich) zu lehren? Wer den vollen „Ertrag" des Wissens sein eigen nennt. Daran knüpft sich die Angabe, die Gelehrten hätten die zweite Vershälfte so erklärt[3]: Wer die Menge — die Männer des Wissens — liebt, dem wird Ertrag zu teil[4].

B. Amoräer.

I. Die älteren palästinensischen Amoräer.

C h a n i n a   b.   C h a m a.

Zu Gen. 22, 10. Warum wird das Messer מאכלת genannt? Weil es, — so antwortet Chanina — als Werkzeug des Schlachtens die Fleischnahrung „eßbar macht". Nach den Gelehrten hat das von Abraham zur Opferung Isaaks be-

In j. Kilajim 32b, 5 sind Jehuda I und die Gelehrten verschiedener Meinung über die Auferstehung.

) Schir r. zu 7, 8 (II, 541, 6), mit einer kurzen Disputation zwischen B. und den Gelehrten. Was die Stelle in Koh. r. zu 7, 16 betrifft s. II, 543, 1), beweist die Parallelstelle, Midr. Sam. c. 18 (3), daß die richtige Autorangabe lautet: Benaja im Namen Hunas (des babylonischen Amora), S. Ag. Pal. III, 453, 3.

) Makkoth 10 a: . . . דרש רבי מאיר מאי דכתיב.

) אמר אילעא בר ברי משום רבי אילעאי. D. h. eine andere Überlieferung schreibt diese Erklärung nicht den Gelehrten, sondern Rabba b. Mari zu. Dieser tradierte in Babylonien palästinensische Aussprüche (s. Ag. B. 126).

) Zu Gen. 10, 2 s. unten unter Simon.

reitete Messer diesen Namen, weil dem Verdienst dieser Opferung Israel alles verdankt, was es in dieser Welt „genießt"[1]).

Jannai.

Gegen die Ansicht Jannais, die auch die Simon b. Lakischs war, daß es beim künftigen großen Gericht keine Hölle gibt, sondern, nach Mal. 3, 19, an einem bestimmten Tage Sonnenglut die Frevler umlohen wird, beweisen die Gelehrten aus Jes. 31, 9, daß Höllenfeuer die Frevler erwartet[2]).

Hoschaja.

Zu Gen. 21, 8. Hoschaja erklärt ויגמל allegorisch: er wurde dem bösen Triebe entrückt; die Gelehrten einfach: er wurde der Milch entwöhnt[3]).

Zabdai b. Levi.

Zu Ps. 51, 19. Gegenüber den Deutungen von Zabdai b. Levi und Joseph b. Petros[4]) zu diesen Psalmversen wird die der Gelehrten überliefert[5]): aus ihnen folge, daß der Vorbeter im Achtzehngebet nebst den Opfern auch die Wiedererbauung des Heiligtums zu erwähnen habe[6]).

---

[1]) Gen. r. c. 56 (3).

[2]) Gen. r. c. 6 (6); c. 26 (6). In Sch. tob zu Ps. 19, 7 (13) steht die Ansicht der Gelehrten an erster Stelle. S. I, 44, 5.

[3]) Gen. r. c. 53 (10), s. I, 97, 8. — In Tanch. B. נח 20 ist eine Kontroverse zwischen Hoschaja und Abin mitgeteilt (ר' הושעיה ור' אבין ... וח"א ...), wo zwei allegorische Erklärungen einander gegenüberstehen, an zweiter Stelle die Hoschajas in Gen. r., an erster שנגמל מן היסורין. Vielleicht stand in Gen. r. ursprünglich die Einführungsformel ר' ה' ירבן; aus ורבן wurde in Tanch. ר' אבין.

[4]) S. III, 641, 1.

[5]) Pesikta 158a, Lev. r. c. 7 (2): זבדי בן לוי ור' יוסי בן פטרים ורבן ח"א ... וח"א ... ורבן א'.

[6]) Die Ansicht der Gelehrten ist in beiden Quellen verschieden tradiert. Die Beziehung auf den Psalmvers fehlt in Pes. ganz, in Lev. r. ist sie besonders eingeführt: אית דבעי משמיענה. Das Zitat aus der drittletzten Benediktion der Achtzehngebete (רצה) war ursprünglich nur eine Illustration der These, daß der Vorbeter Opfer und Wiederaufbau des Heiligtums zu erwähnen habe.

A l e x a n d e r.

Zu Gen. 18, 19. Unter dem, was Abraham seinen Kindern und seinem Hause zu gebieten habe, ist der Krankenbesuch zu verstehen[1]).

J o s u a b. L e v i.

Zu Exod. 20. Gegen die Ansicht Josua b. Levis, nur das erste und zweite Gebot des Dekaloges seien unmittelbar von Gott offenbart worden, erklären die Gelehrten, das gelte auch von den andern Geboten des Dekaloges[2]). — Zu Hiob 40, 23. Eine hyperbolische Anwendung dieses Verses auf das Maß des von Behemoth getrunkenen Wassers[3]).

In den f o l g e n d e n Kontroversen ist außer Josua b. Levi noch ein anderer Amora genannt; den verschiedenen Meinungen der Beiden steht die der Gelehrten als dritte gegenüber.

C h i z k i j a (b. Chija) und Josua b. Levi. Zu Ps. 28, 5. Die des Ewigen Werke nicht beachten, das sind diejenigen, die das Lesen der Schema-Abschnitte und der ihnen vorangehenden Benediktion (von der Erschaffung des Lichtes und der Himmelsleuchten) nicht beobachten[4]).

J o c h a n a n und Josua b. Levi. Zu Ps. 50, 10, über das Behemoth, dem tausend Berge die Nahrung bereiten.

[1]) Gen. r. c. 49 (3), s. I, 201, 2. Vielleicht wird von den verschiedenen Betätigungen der Nächstenliebe gerade der Besuch der Kranken genannt, weil die Erscheinung Gottes bei Abraham im Haine Mamre (Gen. 18, 1), von dem im Vorhergehenden berichtet war, mit Hinblick auf das Gen. 17 Ende Erzählte als Krankenbesuch Gottes betrachtet wurde. So Simlai in Gen. r. c. 8 Ende (I, 559, 3.

) Schir r. zu 1, 2 (zweimal), Pes. r. c. 22 Anf. In Schir r. ‎חזר על דברי. S. I, 178, 7.

[3]) Pesikta 58a und Perallelstelle (III, 302, 6): ‎יבלעהו הוא שותר ‎חי כל ביום אחד. Aus der zweiten Vershälfte schließen die Gelehrten: Die Menge des vom Jordan während eines ganzen Jahres geführten Wassers bildet einen einzigen Schluck der Behemoth. Mit der ersten Vershälfte begründet J. b. L., es sei nur die Wassermasse des Jordans von einem halben Jahre; wahrscheinlich ist ‎יבטח הוא so verstanden: es eilte nicht damit, sondern verschluckt die Wassermasse eines Jahres auf zweimal. — In Lev. r. c. 22 E. sind anstatt J. b. L. und der Gelehrten Jochanan und Simon b. Lakisch als die Träger der Kontroverse genannt.

[4]) Schocher tob zur St. (I, 56, 3 und I, 128, 9).

3

Nach Jochanan weidet es auf ihnen, nach Josua b. Levi
gleicht die Nahrung der den Frommen in der Zukunft bestimmten Nahrung, nach den Gelehrten aus Tierwesen be-
stehende Nahrung[1]).

Josua b. Levi und S i m o n b. L a k i s c h. Zu II Sam.
3, 30. Warum wurde Abner getötet? Weil er nicht geduldet
hatte, daß sich Saul mit David aussöhne (I Sam. 24)[2]).

J u d a b. G a d j a und Josua b. Levi. Zu Ps. 79, 12.
היקם deutet die Unbill an, die am Heiligtum begangen wurde
dem Schoße (Mittelpunkt) der Welt[3]).

Josua b. Levi und S a m u e l b. N a c h m a n. Das
Verdienst der Erfüllung des Omergebotes war nach Josua b.
Levi wirksam zur Zeit Gideons, nach Samuel b. Nachman
zur Zeit Chizkijas, nach den Gelehrten zur Zeit Ezechiels
(Ez. 4, 9 „Gerste“)[4]). — Ps. 22, 24. Nach den Gelehrten sind
die drei Kategorien der zum Lobe und zur Verehrung Gottes
hier Aufgeforderten die drei Gruppen der gottesdienstlichen
Gemeinden: Priester, Leviten, Israeliten[5]).

Josua b. Levi und E l e a z a r. Zu Exod. 18, 11. Der
Ausdruck זדו wird mit sprichwörtlichen Redensarten der Heim-
zahlung erklärt; in der dritten Erklärung, der der Gelehrten,
wird זדו mit יזיד (Exod. 21, 14) in Verbindung gebracht[6]).

—

[1]) Pesikta 58 a und Par. (Pes. r. c. 16, 80 b, Tanch. B. פנחם):
ר׳ יוחנן וריב״ל ורבנן. Lev. r. c. 22 E. hat Simon b. Lakisch statt J. b. L.
(ריב״ל aus רשב״ל). Tanchuma b. Abba erläutert die Meinung der Gelehrten.

[2]) J. Pea 16 a, 55, Sota 17 b, 35, Lev. r. c. 26 (2), Pesikta 32 b,
Tanch. חקת (B. 8), Num. r. c. 19 (2), (S. I, 165, 8; 388, 4): למה
נהרג אבנר ריב״ל ורשב״ל ורבנן. In dem Ausspruche der Gelehrten ist die
biblische Erzählung (I Sam. 24, 12) mit einem volkstümlichen, aramäischen Gespräche erwähnt. Es folgt noch eine vierte Meinung, mit יש
אומרים eingeleitet.

[3]) Pesikta 25 a b und Par. (I, 178, 1; III, 574, 7).

[4]) Pesikta 71 a und Par.; s. I, 171, 1; 532, 5.

[5]) Sch. tob z. St.; I, 151, 4; 500, 2. In Lev. r. c. 3 (2) fehlt
die Meinung der Gelehrten.

[6]) Pesikta 82 a, s. I, 148, 6; II, 40, 7: ריב״ל ור׳ אלעזר ורבנן חד
אמר . . . , וחריא א׳ . . . , ורבנן אמרי.

Neben Josua b. Levi weitere Urheber von Einzelmeinungen.

Eleazar b. Pedath, Samuel b. Nachman, Josua b. Levi. Ps. 27, 1—3. Die drei Amoräer beziehen den Psalmvers auf die Rettung am Meere, auf den Sieg Davids über die Philister, auf den Sieg Davids über die Amalekiter; die Gelehrten deuten sie auf das Neujahrsfest und den Versöhnungstag und auf die Rettung Israels vor den durch die Fürsten (Schutzgeister) der heidnischen Völker vor Gott erhobenen Anklagen[1]).

Josua b. Levi, Samuel b. Nachman und Chanina b. Papa. In קיר, II Kön. 20, 2 (Jes. 38, 2) sehen die genannten Amoräer Anspielungen auf je eine „Mauer" oder „Wand" des biblischen Schrifttums, an welche König Chizkija in seinem Gebete erinnerte. Die Gelehrten deuten das Wort auf die „Wände des Herzens" (Jer. 4, 19); in sein Inneres blickte König Chizkija und betete: Herr der Welt, ich prüfte die 248 Glieder, die du in mir erschaffen hast und fand nicht, daß ich dich mit einem einzigen derselben erzürnt hätte; um so eher sollte mir mein Leben gewährt sein![2])

Josua b. Levi, Chanina b. Papa, Benjamin b. Levi, Mani. Zu Koh. 5, 5. Nach den Deutungen der vier Genannten folgt als fünfte die der Gelehrten, welche die Mahnung des Kohelethverses auf den Fall Mirjams (Num. 12) anwenden[3]).

2. Jochanan und seine Zeitgenossen.

Jochanan.

Zu Gen. 14, 15 ויחלק. Nach Jochanan „teilte sich" die Nacht von selbst, nach den Gelehrten „wurde sie geteilt" von

----

[1]) Pesikta 175 b, Lev. r. c. 21 (4). S. II, 74, 7; I, 535, 4; 177, 3: ‏... פרק ברא כ ... פרק ברא כ‏.

[2]) J. Berach. 5 b, 58, Sanh. 28 c, 35; I, 475, 3; 532, 7; II, 523, 2. In Koh. r. ist als Autor der vierten Ansicht ‏ר נא בשם ר הונא‏ die Hunas im Namen Josephs des babylon. Amoras genannt (s. III, 258). Im bab. Talmud, Berach. 10 b, Simon b. Lakisch.

[3]) Lev. r. c. 16 (2). In Koh. r. z. St. sind die Autorangaben

ihrem Schöpfer[1]). — Gen. 41, 47. Deutung des Wortes לִקְמָצִים[2]).
— Jes. 17, 11. Nach Jochanan bedeutet אנ״ש schwächend, nach
den Gelehrten „überwältigend"[3]). — Zum Hohenliede. Der
Regel Jochanans gegenüber stellen die Gelehrten die Regel
auf: im Hohenliede bedeute „der König Salomo" den König
dessen der Friede ist, d. i. Gott, „König" allein bedeutet die
Gemeinde Israels[4]). — Das Wort אנכי, mit dem der Dekalog
beginnt, ist nach Jochanan als Notarikon zu deuten (aramäisch): אנא נפשי כתבית יהבית (ich selbst habe geschrieben,
gegeben), nach den Gelehrten so (hebräisch): אמירה נעימה
כתיבה יהיבה (liebliche Rede geschrieben, gegeben)[5]). Daß Saul
der Vergebung seiner Sünden teilhaftig wurde, beweist Jochanan aus I Sam. 28, 19, die Gelehrten aus II Sam. 21, 6
„Erwählter des Ewigen")[6]).

Jochanan und Chanina. Der Abstand zwischen Hölle
und Paradies ist nach Jochanan die Dünne einer Wand, nach
Chanina eine Spanne, nach den Gelehrten sind sie durch
gar keinen Abstand getrennt[7]).

------

verschieden. Sch. tob zu Ps. 52 (1) wie in Lev. r. In Deut. r. c. 3 (13)
ist die Meinung der Gelehrten allein mitgeteilt und zwar verallgemeinert;
statt Mirjams der Mann der bösen Zunge genannt. S. I, 180, 1; II, 527,
3; III, 662, 6; 454, 6.

[1]) Gen. r. c. 43 Anf., Pesikta 63b, Pes. r. c. 7 (86b). In Tanch.
B. לך לך mit Umkehrung der Autorangabe. Als Tradent Jochanans ist
Benjamin b. Jepheth genannt. Die Ansicht der Gelehrten (ייצרי חלקן)
findet sich anonym in der Mechiltha zu Exod. 12, 29.

[2]) Gen. r. c. 90 Ende. I, 270, 7. Die Gelehrten scheinen das
Wort im Sinne von Grube zu verstehen, in dem das Getreide aufbewahrt
wurde. Auch Targum לאוצריא (ebenso Peschito), Vulgata in horrea.

[3]) Lev. r. c. 18 (3); I, 274, 8: · · · מחיש · · · אמר ר״י רבנן · ·
ובריתא · · · אמרי רבנן. So ist Lev. r. nach Num. r. c. 7 (4 Ende) zu berichtigen, wo beide Erklärungen anonym neben einander stehen. Die
Gelehrten leiten אנ״ש von אנוש (= נכרים) ab. Vulg. übers. „graviter",
was der Erkl. der Gelehrten entspricht.

[4]) Schir r. zu 1, 1 Ende; I, 263, 4.
[5]) Sabbath 105a.
[6]) Berach. 12b: רבנן אמרי מדבא. S. I, 288, 7.
[7]) Pesikta 191b; Pes. r. 201a; Koh. r. zu 7, 14; Koh. zuta ib.
Auf die Frage במה הייה יש ביניהם antwortet J. כותל, Ch. טפח, die Gelehrten שתיהן שוות. Letzteres kann nur bedeuten: sie sind gleich, beide auf

Jochanan, Jehuda b. Simon, Samuel b. Nachman. Zu Dan. 3, 14 wurden von den genannten drei Amoräern je zwei Deutungen, am Schlusse von den Gelehrten
eine überliefert. Nach den letzteren liegt in der Frage Nebukadnezzars ein Hinweis auf Jerem. 27, 8[1]).

Eleazar b. Pedath, Jochanan. Von den zehn Ausdrücken, mit denen die prophetische Rede bezeichnet wird,
ist der stärkste נבא, wegen Ps. 38, 5[2]).

Jochanan, Levi. Woher nahmen die Israeliten in der
Wüste den Wein für die Trankopfer? Auf diese Frage antworteten Jochanan und Levi mit der Annahme von Wundern.
Die Gelehrten: von den heidnischen Handelsleuten[3]).

Aibo, Jochanan, Abahu. Zu Koh. 1, 13 und 3, 10.
Der „böse Gegenstand, den Gott den Menschenkindern gegeben hat, um sich mit ihm zu quälen“, ist die durch den Raub
bewirkte Unruhe[4]).

Jochanan, Chizkija[5]). Deutung des Namens מנשה אמון.
Jochanan und Chizkija leiten den ersten Teil des Namens
von אמון ab und deuten den zweiten Teil durch Zerlegung in
zwei Silben, die zu Wörtern ergänzt werden. Die Gelehrten
deuten die acht Buchstaben des Namens als Anfänge von
Wörtern[6]).

demselben Niveau, so daß gar kein Abstand zwischen ihnen ist. Koh.
zuta hat Acha st. Chanina. Statt שמעון בר שמעון lautet in Koh. z. die Meinung der Gelehrten שמר אבהו ר׳.

[1]) Lev. r. c. 33 (6); I, 294, 5; III, 215, 4; I, 539, 2. Die Einführungsformel lautet: ר׳ אמר חייא ר׳ בר סימון ר׳ אין שמע ר חייא ר אין;
דרא אחא ביר.

[2]) Gen. r. c. 44 (6); Schir r. zu 3, 4; s. I, 264, 1.

[3]) Schir r. zu 4, 13; s. I, 285, 3 (wo der Anfang des Ausspruches
J.'s fehlt); II, 351, 4.

[4]) Koh. r. zu beiden Stellen, s. III, 65, 2; I, 228, 1; II, 108, 2.
Die Gelehrten haben ebenso wie Jochanan: שמר על גזל, jedoch mit
anderer Begründung, indem sie einerseits auf das Geschlecht der Sündflut
hinweisen, deren Schuld Gewalttätigkeit und Raub war (Hiob 24, 2 ff.),
andererseits auf die Stämme Reuben und Gad, die sich vom Raube fernhielten und deren weites Weideland für ihre Heerde bekamen (Num. 32).

[5]) רב חזקיה, also der Amora des 4. Jahrhts. (III, 690, wo diese
Erklärung nachzutragen ist).

[6]) Gen. r. c. 90 (4).

Jochanan und Simon b. Lakisch.

Zu Hiob 12, 16. Nach den Gelehrten enthalten die Worte ומשנה שוגג לי die Lehre: wenn Jemand in den Worten der Thora geirrt hat, bringen ihn die Worte der Thora zu anderen Irrtümern; was auch in Hiob 19, 4 ausgedrückt ist[1]). — Den Kindersegen der Ehe Ruths mit Boaz schrieb Jochanan den segnenden Worten Noemis (Ruth 2, 20), Simon b. Lakisch den segnenden Worten Boaz' (Ruth 3, 10) zu; nach den Gelehrten waren es die segnenden Worte der frommen Ältesten (Ruth 4, 11), die sich erfüllten[2]). — Die Klagelieder. Den zwei Aussprüchen Jochanans und Simon b. Lakischs über den Siegelring Pharaos (Gen. 41, 42) und den Siegelring Achaschwerosch (Esther 3, 10), tritt an die Seite ein ähnlicher Ausspruch der Gelehrten über die Wirkung der Klagelieder, die für Israel einen vollständigen Erlaß seiner Schuld bedeuteten (Echa 4, 22)[3]). — Zu II Chron. 13, 20. König Abijas Schuld, für die er büßen mußte, bestand darin, daß er die Götzenbilder, die er in dem eroberten Bethel (ib. V. 19) vorfand, nicht vernichtete[4]). — Den Gleichnissen von Jochanan und Simon b. Lakisch zu Jer. 9, 17 reiht sich ein ähnliches der Gelehrten an: von einem Könige, dem seine Kinder nach und nach starben und der sich mit den übriggebliebenen tröstete, endlich aber alle beweinen muß[5]).

[1]) Sch. tob zu Ps. 7, 1: רשב"ל אמר . . . ר' יוחנן א' . . . ורבנן אמרין; I, 277, 4. In Jalkut Machiri lautet der Satz richtig: שנה אדם בדברי תורה ר"ת משנין איה.

[2]) Ruth r. zu 3, 10; I, 234, 2; 387, 4 (ר"י ורשב"ל ורבנן).

[3]) Echa r. zu 4, 22, tradiert von Chelbo. Der Ausspruch S. b. L.'s steht in b. Megilla 14a im Namen Abba b. Kahanas (II, 500, 4). Der Ausspruch der Gelehrten hat anderwärts (Gen. r. c. 42, Lev. r. c. 11) in anderer Form Samuel b. Nachman zum Autor (I, 496, 3).

[4]) Tradiert von Samuel b. Nachman; j. Jebam. 15c, 56; Gen. r. c. 65 (20); c. 73 (5); Lev. r. c. 33 (5); Midr. Sam. c. 18 (5); s. I, 291, 6; 389, 2. ר"י ורשב"ל ורבנן. Die Ansicht der Gelehrten ist die in Seder Olam c. 16 anonym stehende.

[5]) Pesikta 120ab; Echa r. Prooemien N. 2: ר"י ורשב"ל ורבנן.

Simon b. Lakisch.

Der Tod Sauls und seiner Söhne (I Sam. 31) war die Strafe dafür, daß er barmherzig war, wo er hätte grausam sein sollen (I Sam. 15)[1]. — Zu Ps. 19, 10. Nach Simon b. Lakisch liegt in den Worten: „sie sind gerecht insgesamt" ein Hinweis auf die exegetische Norm des Kal wachomer, nach den Gelehrten auf die der Gesera schawa[2]. — Zu Ez. 28, 13. Nach den Gelehrten beträgt die Zahl der hier genannten Edelsteine zehn, nach Simon b. Lakisch elf[3].

Eleazar b. Pedath, Simon b. Lakisch. Zu Gen. 50, 11. Die Trauer der Landesbewohner um Jakob bekundete sich darin, daß sie in ernster Haltung aufrecht dastanden[4].

Jose b. Chanina.

Jose b. Chanina beleuchtet mit einem Gleichnisse das Verhältniß der den Noachiden gewordenen Gebote zu der Israel gegebenen Lehre. Die Gelehrten geben ein ähnliches Gleichniß[5]. — Nach Aussprüchen von Eleazar und Jose b. Chanina über die Pflicht des öffentlich Vortragenden, die Worte der Lehre den Hörern angenehm zu machen, folgt

---

[1] Koh. r. zu 7, 16; I, 358, 6.

[2] Sch. tob z. St.; I, 384. Der Sinn der beiden Erklärungen ist wohl der, daß die exegetische Norm die Wahrheit der Satzungen begründet.

[ ] Gen. r. c. 18 (1); ‏. . . רבנן אמרי בן לקיש‎. Als dritte Ansicht wird dann die Chama b. Chaninas gebracht: dreizehn. In Pesikta 37a: Lev. r. c. 20 (2) und Par. steht zuerst die von Levi tradierte Meinung Ch. b. Chaninas, dann die von S. b. L. und der Gelehrten. S. I, 379, 6.

[4] J. Sota 17b unt.; Pesikta 85a: s. II, 54, 3; I, 376, 7. ‏רבנן‎ ‏וריב״ל‎.

[ ] Schir r. zu 1, 2: ‏ר׳ בר קפרא וריב״ל אמרין‎. Nach dieser Einführung fehlt die besondere Einführung des Gleichnisses von J. b. Ch. (‏ור׳‎ ‏בר אמר‎). Vor dem Gleichnisse der Gelehrten (‏רבנן אמ׳‎) steht noch ein demselben ähnliches Gleichniß von Jizchak. Vor jenem Einführungssatze steht in Schir r. noch ein Gleichniß von Eleazar b. Pedath über denselben Gegenstand mit dem Einführungssatz: ‏ר׳ אלעזר אמר ר׳ בר‎ ‏יהודה אמר ר׳ רבנן אמרין‎. Hier ist also das Gleichniß Eleazar (l. ‏ר׳ אלעזר‎) mit der Kontroverse zwischen J. b. Ch. und Gelehrten zusammengefaßt. S. noch I, 430, 2; II, 37, 1.

eine ähnliche von den Gelehrten, dem die Worte „Honig und
Milch auf deine Zunge" (Hoh. 4, 11) zu Grunde liegen[1]).

Chama b. Chanina.

Zu Gen. 16, 7—11. Nach Chama b. Chanina waren es
fünf Engel, die Hagar begegneten, nach den Gelehrten vier
(drei)[2]). — Die Deutung der einzelnen Worte zu Jer. 36, 32b
auf die einzelnen Kapitel in Echa modifizieren die Gelehrten
dahin, daß im כהמה Echa 3 angedeutet ist, weil in diesem
Kapitel mit den einzelnen Buchstaben des Alphabetes je drei
Verse beginnen[3]).

Jehuda II.

Zu Ps. 24, 6. Der Patriarch deutete die Worte דור
דורשיו als Hinweis darauf, daß der Führer — in seiner Bedeutung — der Zeit gemäß ist; die Gelehrten meinen umgekehrt, daß die Zeit dem Führer gemäß ist[4]).

Simlai.

Zu Gen. 3, 6 und 17. Nach Simlai brachte Eva mit
ihrer Überredungsgabe Adam dazu, von der verbotenen Frucht
zu essen, nach den Gelehrten wirkte sie auf ihn mit Klagen
und Jammern[5]).

[1]) Schir r. c. 4, 11: ר׳ אלעזר ור׳ב״ח ורבנן · ·. S. I, 428, 2.

[2]) Gen. r. c. 45 (7); s. I, 443, 1. Aus Theodors Ausgabe (S. 455)
ist ersichtlich, daß es statt ר׳ ייסי ב״ה ursprünglich hieß ר׳ חמא ב״ה. In
Tanch. B. וישלח ist als Urheber der ersten Ansicht Levi genannt (der
Aussprüche Ch. b. Ch.'s zu tradieren pflegte). Es heißt dort: ר׳ דר׳ בריתיה
ר׳ לוי אמר ה׳ ור׳ביתיני אמרו ד׳. Der Meinung der Gelehrten (in der letzten
Version) entspricht, Meila 17b das in der Erzählung von Ben Temelion dem
Tannaiten Simon b. Jochai in den Mund gelegte: שבחא של בית אבא נזדמן
לה מלאך שלש פעמים.

[3]) Echa r. Prooemien N. 28 (I, 463, 4).

[4]) Arachin 17a: פליגי בה ר׳ יהודה נשיאה ורבנן חד אמר דור לפי
פרנס וחד אמר פרנס לפי דור. S. Ag. pal. Am. III, 581, 5; 595, 5. דורשיו
im Sinne des bedeutenden Gelehrten (vgl. דור דור ודורשיו).

[5]) Gen. r. c. 19 (5) und 20 (8): התחילה מיללת עליו בקולה; das
wird in der zweiten Stelle durch den Ausdruck לקול אשתך (nicht
לדבר א׳) bewiesen. S. I, 560, 5.

Samuel b. Nachman.

Gen. 14, 18. „Brot" und „Wein" sind allegorische Bezeichnung der Thora, nach Prov. 9, 8[1]). — Gen. 19, 29. Von Lot wird deshalb gesagt, daß er in den Städten – nicht in Sodom allein — wohnte, weil er Allen Darlehen auf Zins gegeben hatte[2]. — Gen. 35, 11. Die hier verheißenen „Könige" sind die von - dem damals noch nicht geborenen - Benjamin stammenden Könige Saul und Ischboscheth[3]). — Num. 23, 19. Die Gelehrten deuten den Vers auf die unvergleichliche Überlegenheit Moses', der mit seiner Fürbitte die Worte Gottes (in Exod. 32, 10) gleichsam zu nichte machte (V. 11) und der bewirkte, daß Gott seinen Vernichtungsbeschluß über Israel zurücknahm (V. 14)[4]). — II Sam. 17, 25, verglichen mit I Chron. 2, 17. Jithra, der Vater Amasas, war Israelit, aber er wird als „Ismaelit" bezeichnet, weil er im Lehrhause schwertumgürtet wie ein Ismaelit für die Annahme der Halacha eintrat, wonach der Ausschluß Moabs und Ammons aus der Gemeinde (Deut. 23, 4) sich nicht auf die Frauen Moabs und Ammons erstreckte[5]). — II Sam. 23, 11, verglichen mit I Chron. 11, 13. Es war dasselbe Feld, aber in zwei Jahren: in dem einen Jahre trug es Linsen, im andern Gerste[6]).

Chama b. Chanina und Samuel b. Nachman.

) Gen. r. c. 43 (6); I, 525, 3 ... ר"ש בר נחמן.

) Gen. r. c. 51 (6); I, 503, 4.

) Gen. r. c. 82 (4); I, 526, 4. Diese Deutung habe Abner veranlaßt, gegen Davids Königtum aufzutreten und den Sohn Sauls zum Könige zu machen (II Sam. 2, 8). — In Tanch. B. שלח 29 als besonderer Ausspruch der Gelehrten: אמרו חכמים.

[4]) Jer. Taan. 65b, 66: ר"ש בר נחמני אמר. Die Deutung Samuel b. Nachmans findet sich auch anderwärts (s. I, 528, 3, 4), aber allein. Die der Gelehrten lautet, als Paraphrase der Worte Bileams: לא איש אל לא עשה משה ... את שמע ... את באמרי אל ... (כביכול) ... לא עשה משה ... Diese Paraphrase bezieht den Satz auf Bileam, der nicht Moses gleichzustellen sei und nicht Gottes Beschluß Israel zu segnen, zurücknehmen machen könne.

) Jer. Jebamoth 9c, 24 und Par.; I, 520, 2. Im bab. Talmud, Jebamoth 77a ist die Ansicht der Gelehrten im Namen Rabas gebracht.

) Jer. Sanh. 29c ob.: Midr. Sam. c. 20 (1): I, 506 (6).

Echa 2, 1. Erklärung von יעיב[1]). — Ezech. 35, 6. „Du haßtest das Blut," nämlich das des Menschen in seinem Körper (und vergoßest es)[2]).

A b b a   b.   K a h a n a   und Samuel b. Nachman. מדהבה, Jes. 14, 4 bedeutet Babylonien, das Haupt von Gold (דהב) in Nebukadnezzars Traume (Dan. 2, 38)[3]).

C h i j a   und Samuel b. Nachman. II Sam. 24, 15. Die als Dauer der Pest angegebene Zeit erstreckte sich vom Aufstrahlen der Sonne bis zum vollen Sichtbarwerden der Sonnenscheibe[4]).

3. Die Schüler Jochanans.

A b a h u.

Gen. 28, 20. Nach Abahu betete Jakob, Gott möge ihn vor der Kardinalsünde bewahren. Die Gelehrten finden diese in dem einen Worte בדרך angedeutet[5]). — Lösung der Widersprüche zwischen Lev. 4, 6 und 16, 2[6]).

---

[1]) Echa r. z. St.: ורבנן אמרי איך שייב ה' ברוגזיה ית בת ציין. Während die beiden andern Erklärungen (I, 465, 3 und 508, 4) motiviert werden, fehlt hier jede Erläuterung. Bubers Ausgabe (S. 96) hat אשיב für שייב. Keines der beiden Lesarten gibt einen verständlichen Sinn. Targum gibt יעיב mit יקים wieder. Vielleicht lautete die Erklärung der Gelehrten ursprünglich תעיב (verabscheuen), woraus אשיב, aus diesem שיים wurde.

[2]) Gen. r. c. 63 (13) und Par. An erster Stelle steht die Meinung S. b. N.'s (I, 523, 7), an zweiter die von Levi tradierte Meinung Ch. b. Ch.'s (I, 463, 6). In Tanch. B. תולדות 4 fehlt S. b. N., seine Meinung ist Ch. b. Ch. zugeschrieben, die des Letzteren den Gelehrten (רבותינו).

[3]) Lev. r. c. 15 Ende; s. II, 484, 1; I, 506.

[4]) Midr. Sam. c. 34, 3; Pes. r. c. 11 (44b); Schocher tob zu Ps. 17 (4). Die Meinung Chijas (des Tannaiten, in Sch. tob תני ר' חייא) ist in Berach. 62b Chanan b. Chama zugeschrieben (I, 20, 8); die S. b. N.'s משהאיר המזרח עד הנץ החמה, (so muß es auch in Midr. Sam. heißen) ist in Pes. r. den Gelehrten zugeschrieben, ebenso in Sch. tob, wo der Name S. b. N.'s fehlt. Die Meinung der Gelehrten lautet in Pes. r.: משיתחיל משתנין החמה לעלות עד שיגמר, in Midr. Sam. עד שיתמלא גלגל החמה לעלות עד שיגמר כל הגלגל.

[5]) Gen. r. c. 70 (4): ר"א ורבנן ר"א אמר . . . ורבנן פתרין לה בבל עמא. II, 129, 7.

[6]) J. Taanith 65a, 57: ר' א ורבנן איתפלגין חד אמר . . . וחרנא אמר . . . Das Ganze tradiert von Acha.

Assi.

Gen. 28, 15. Die Verheißung Gottes an Jakob enthält die Erhörung seiner in V. 20 sich findenden Bitte, mit Ausnahme der Bitte um Nahrung. Nach Assi ist auch diese nicht ausgenommen[1]. — Adams ursprüngliche Herrlichkeit blieb bis zum Ausgange des ersten Sabbath bei ihm, während sie nach Assi noch vor Eintritt des ersten Sabbath ihm genommen wurde[2].

C h i j a b. A b b a. Gen. 24, 15. Mit הלזה ist der Andere (ἄλλος) angedeutet, den Rebekka als Begleiter Isaaks sah[3]. Aus Ps. 18, 12 schöpfte Chija b. Abba den Spruch: Dunkle Wolken bedeuten reichlichen Regen, aus Hiob 37, 11 die Gelehrten: Helle Wolken bedeuten reichlichen Regen[4].

J i z c h a k.

Zu Gen. 23, 2. קרית ארבע bezeichnet Hebron als eine der „vier" häßlichsten Städte Palästinas. Nach Jizchak sind die andern drei: Dor, Naphath Dor (Jos. 12, 23), Timnath Serach (Jos. 24, 39), nach den Gelehrten. Danna (Jos. 15, 49), Kirjath Sanna (ib.), Timnath Serach[5]. — Deut. 28, 3. Sei

---

[1] Gen. r. c. 69 (6); Lev. r. c. 35 (2): רבנן ד'א'בא ... . In Tanch. בא Anf. ist die Ansicht der Gelehrten Berechja zugeschrieben, die Assis im Namen der Gelehrten gebracht. — In Tanch. B. וישלח 2 ist die Ansicht der Gelehrten (רבנין) kurz gebracht; dann folgt die Assis, aber mit der Autorangabe: ר' אשעיא אמר.

[2] Gen. r. c. 11 (2); c. 12 (6). An der ersten Stelle lautet die richtige Lesart ר' אבא (st. ר' אבא), an der zweiten ebenso st. ר' יב (s. Ed. Theodor). II, 162 ist Assis Satz unter Ammi gebracht.

[3] Gen. r. c. 60 (15); II, 190: ר' ברכיה הליה אלי ר'. Man erklärt פורכסין mit φύλασσων (vgl. Ps. 91, 11). Griechisch ἄλλον verwendet nur Deutung von אלי Gen. 35, 9; Sam. b. Nachman in Gen. r. c. 81 Ende (I, 513, 2).

[4] Sch. tob zu Ps. 18 (16): רבי א בר חנין חד מנהון אמר ... הברכ ... אמר; II, 183, 4. Im Hiobverse ist יפיץ im Sinne von יפוץ Prov. 5, 16 verstanden. Beide Sätze haben Spruchform. — Beide Sprüche tradiert Dimi als palästinensische Volkssprüche. Taanith 11 a: nur lautet bei ihm der zweite Spruch in entgegengesetztem Sinne: אמרי במערבא נהור ענני זעירין מוהי עמיטתא סגיין מוהי.

[5] Gen. r. c. 58, 4, tradiert von Azarja; II, 242, 1 ר' ברכי ...

gesegnet in der Stadt dadurch, daß du auf dem Felde gesegnet
bist[1]. — I Sam. 13, 22. „Es fanden sich". Gott selbst ließ
sie Waffen finden[2]. — Hiob 5, 26. כבלה bedeutet in Voll-
kraft, ohne Gebresten[3].

Levi.

Aus Gen. 2, 16 leitet Levi die sechs Gebote ab, die
den ersten Menschen gegeben wurden. Die Gelehrten geben
eine andere Ableitung derselben[4]. — Gen. 16, 7—11[5]. —
Gen. 24, 61. Das Reittier Rebekkas, ein Kameel, war ein
Vorzeichen dafür, daß ihr der fromme Jakob und der frevelhafte Esau entstammen werde, sowie das Kameel Zeichen
der Reinheit und der Unreinheit an sich hat (Lev. 11, 4)[6].
— Gen. 32, 2. Nach Levi bedeutet das „Lager Gottes"
60 Myriaden Engel, nach den Gelehrten folgt aus מחנים
(Doppellager), es seien zweimal so viel gewesen[7]. — Gen.
42, 8. Joseph wird von seinen Brüdern deshalb nicht erkannt,
weil ihm seit der Trennung der Bart gewachsen war[8]. —
Lev. 24, 10. Dieser Gotteslästerer war, obwohl es damals in
Israel keine Bastarde gab, einem Bastarde gleich geachtet[9].

---

[1]) Deut. r. c. 7 (3). Jizchaks Deutung (um der „in der Stadt"
und der „auf dem Felde" auszuübenden Gebote willen) ist II, 262 nachzutragen.

[2]) Lev. r. c. 25 (7); II, 263, 6, wo die Parallelstellen hinzuzu-
fügen sind; Schir r. zu 5, 15; Midr. Sam. c. 17, 2 (hier ist nicht
Chaggai, sondern Judan der Tradent Jizchaks); Num. r. c. 10 (1), wo
Huna der Tradent ist.

[3]) Gen. r. c. 79 (1); II, 237, 6 . . . ר״י ורבנן.

[4]) Gen. r. c. 16 (Ende); II, 316, 3: ר״ל אמר . . . רבנן פתרי לה
בבל עניא. S. oben S. 42, Anm. 5.

[5]) S. oben S. 40, Anm. 2.

[6]) Gen. r. c. 60 (14); II, 333, 4.

[7]) Schir r. zu 7, 1; II, 365, 4. In Gen. r. c. 74 (17) Aibo st. Levi.

[8]) Gen. r. c. 91 (7); II, 333, 8 . . . ר׳ לוי ורבנן. In b. Jebamoth
88a (Kethub. 27b) wird die Meinung der Gelehrten von Chisda ausgesprochen.

[9]) Lev. r. c. 32 (4) . . . רבנן ור׳ לוי. Levi gibt an, auf welcher
Weise er als wirklicher Bastard geboren wurde (II, 369, 7). Der Ausspruch der Gelehrten ist wirklich im Sifra z. St. (104c, 10) zu finden;
statt כממור hat Lev. r. ממור.

-- Richter 15, 19. Nach Levi war der Name des Ortes לחי, nach den Gelehrten מכתש[1]). — 1 Kön. 5, 9. „Weisheit, wie der Sand am Ufer des Meeres." Gott gab dem Salomo soviel Weisheit als dem ganzen — dem Sande am Meere verglichenen (Hosea 2, 7) — Israel[2]). — I Kön. 20, 15. Nach Levi ist die geringe Zahl dadurch zu erklären, daß die Hungersnot in den Tagen Elijas viele hinweggerafft hatte, nach den Gelehrten durch die Feldzüge Ben Hadads, der Viele gefangen hinwegführte[3]). — II Kön. 18, 16. האמנות bedeutet die Türangeln[4]). — Ps. 29, 3. „Stimme des Ewigen über den Wassern."[5]). — Ps. 94, 13. מימי רע sind die Tage, an denen über das Böse Gericht gehalten wird, Neujahr und Versöhnungstag[6]). Hiob 21, 8. Die an das Wort נכון geknüpfte Hyperbel Levis von der schnellen Vermehrung der antidiluvianischen Menschen überbieten die Gelehrten[7]). — Echa 1, 21. Während Levi diesen Vers auf die durch den Tod Aharons entstandene Lage Israels deutete, wandten ihn die Gelehrten auf die Verfolgung der nach der Eroberung Jerusalems nach allen Weltgegenden geflohenen Israeliten durch die Heiden an[8]). — Zu Esther 5, 1, „am dritten Tage".

) Gen. r. c. 98 (13): II. 334, 6 . . . לה רב דרשו.

) Pesikta 33 b und Par.: II, 354, 1: כל . . . דבין דבין אמר . . . רי.
א לה. In Koh. r. z. 7, 23: נכון מי רי.

) Esther r. zu 1, 1. In II, 354 nachzutragen.

) Koh. r. zu 9, 18; II, 335, 1. Vulgata: valvas (Türflügel). Vielleicht ist das hier die Bed. von שמיא.

) Pesikta r. Anhang (192 b): רי דרוש דבר. Was hier L. zugeschrieben ist, findet sich in Gen. r. c. 5 (2) als Ausspruch des Tannaiten Ben Azzai: der Ausspruch der Gelehrten hat in Sch. tob zu Ps. 93 (5) Levi selbst zum Autor. S. II, 426, 1.

) Sch. tob z. St.; II, 383, 1.

) Gen. r. c. 36 (1); Lev. r. c. 5 (1): II, 384, 4.

) Pesikta 138 a; Echa r. z. St.; II, 788, 1: פרה רי דרוש אהרן קרא בכם דבי אהרן דרשו . . . וכן פרשי קרא באהרן רבנן. Die Ausführung legt Amos 1, 3, 6, 9; Jes. 21, 13 zu Grunde und schließt mit einem Gleichnisse zur Illustrierung des Gedankens, daß durch das Verbot des Connubiums mit den Völkern (Deut. 7, 3) Israel in seiner Not auf keinen Heller rechnen konnte („Du hast es uns durch jenes Verbot — bewirkt").

Die Gelehrten sehen darin einen Hinweis auf den dritten Tag der Offenbarung am Sinai (Exod. 19, 16), Levi einen Hinweis auf den dritten Tag der Opferung Isaaks (Gen. 22, 4)[1]. — I Chron. 5, 10. Der Sieg der Reubeniten war eine Wirkung des Segens Jakobs (Gen. 49, 14) für den mit den Reubeniten verbündeten Stamm Gad[2]. — Koh. 1, 3 wenden die Gelehrten auf die Frommen an, die sich abmühen, um Gebotserfüllungen und gute Handlungen in dieser Welt zu häufen und die dafür in der kommenden Welt wie die Sonne leuchten werden (Richter 5, 31)[3].

Levi und Jizchak. Zu Esther 1, 1[4]).

Levi und Simon (b. Pazzi) zu I Sam. 4, 12. Der Benjaminit, der vom Schlachtfelde nach Schilo kam, hatte an dem einen Tage nach Levi 80, nach Simon 120, nach den Gelehrten 180 Meilen zurückgelegt[5]. — I Sam. 11, 2. Das „rechte Auge" bedeutet das Buch der Thora: Nachasch verlangte es, damit er aus ihm das sein Volk verunglimpfende Gesetz (Deut. 23, 4) beseitige[6].

Simon (b. Pazzi).

Gen. 10, 2. תירם bedeutet nach Simon Persien, nach den Gelehrten Thrakien[7]. — II Sam. 8, 6. נציבים bedeutet Standbilder[8]. — I Kön. 15, 22. „Niemand frei". Nach Simon ist das in Bezug auf Deut. 23, 5 gesagt; nach den Gelehrten wurden auch die Mitglieder des Gelehrtenstandes nicht aus-

---

[1]) Gen. r. c. 56 (1) . . . רבנן ור׳ לוי. Nachzutragen II, 390.

[2]) Gen. r. c. 98 (15); II, 291, 2 . . . רבנן ור׳ לוי.

[3]) Lev. r. c. 28 (1); Koh. r. z. St.; Pesikta 69a; II, 383, 4 . . . רבנן ור׳ לוי. — Die Gelehrten erklärten תחת im Sinne von „für", der Präposition der Vergeltung.

[4]) Esther r. zu 1, 1 . . . ר׳ לוי ר׳ יצחק ורבנן nach meiner Emendation I, 356, 1.

[5]) Midr. Sam. c. 1 (11); Sch. tob zu Ps. 7 Anf.; II, 352, 2 . . . ריל ור״ם ורבנן.

[6]) Midr. Sam. c. 14 (7); II, 374, 5; 458, 1 ריל ורים ורבנן.

[7]) Gen. r. c. 37 (1); j. Megilla 71b, 58. In b. Joma 10a unter der Einführungsformel: . . . חד אמר . . . ר׳ סימון ורבנן חד אמר; II, 477, 3.

[8]) Deut. r. c. 1 (16); II, 447, 6.

genommen[1]). — Vom dritten Weltreiche, dem griechischen,
behauptete Simon, es habe je 120 der drei, als den ἔπαρχος
und στρατηλάτης bezeichneten Würdenträger aufgestellt. Nach
den Gelehrten waren es nur je sechzig, was sie exegetisch
aus der Erwähnung des Skorpions in Deut. 8, 25 herleiten;
der Skorpion hat ja sechzig Junge[2]). — Zu M. Schekalim
V, 1[3]).

Abba b. Kahana.

I Sam. 15, 33. Die mit וישסף bezeichnete grausame
Todesart, die Samuel über Agag verhängte[4]). — David
führte im ganzen nach Abba b. K. 13, nach den Gelehrten
18 Kriege[5]). — Dem Ausspruche Abba b. Kahanas über
die Finsternis und das Chaos wird als messianischer Abschluß
einer Homilie der Ausspruch der Gelehrten über Jes. 60, 2
an die Seite gestellt: Die heidnischen Völker, die die aus
Finsternis (Deut. 4, 11) gegebene Thora nicht empfangen
haben, werden dereinst in Finsternis gehüllt sein; über Israel
hingegen wird der Ewige strahlen und seine Herrlichkeit erscheinen[6]). — Hiob 41, 8. Eine Kontroverse über die Worte

---

[1]) J. Sota c. 8 Ende 23: הם יהבן הם א א אי נמי לביתו שוה אתה
רבנן אמרי ליה רבי רבי בכי. Auf dieser Erklärung der Gelehrten beruht der
Ausspruch Rabas in Sota 10a: Warum wurde König Assa bestraft? מפני
ששה אנגריא בתלמידי חכמים.

[2]) Gen. r. c. 44 (17) ס׳ דוכסין רבנן. In Lev. r. c. 13 (5) ist aus
ס׳ דוכסין geworden ס׳ רבנין. Die erste der drei Würdennamen (דוכסין) fehlt
dort; die Zahl der beiden andern ist in Lev. r. 71 und 120. Die exegetische Begründung der Sechzigzahl in Deut. 8, 15 ist in Lev. r. auf
Chanin, tradiert von Berechja (III, 94, 4), zurückgeführt, der die
Deuteronomiumstelle auf die Weltreiche deutete.

) J. Schekalim c. V, Anfang (48c), tradiert von Chizkija (von
Caesarea): ר׳ סימון רבנין דר׳ אמר . . . ריא.

[4]) Pesikta 25b und Par.; II, 487, 5. Die Worte Agags אבר מס...
werden von den Gelehrten so gedeutet: Solch eine Todesart einem Fürsten!
In Pes. r. c. 12 (52b) besonders eingeleitet mit ורבותינו דרשוהו אבר.

) Lev. r. c. 1 (4). Mit דלא פליגי werden die beiden Zahlen als
einander nicht widerstreitend erklärt. S. II, 488, 2.

[6]) Pesikta 68a; Lev. r. c. 6 Ende; Tanch. בא Anf.; II, 511, 6.

סגור חותם צ־ zwischen Abba b. Kahana und den Gelehrten des Südens[1]).

Abba b. Kahana und **L e v i**. An den Ausdruck כנה, Ps. 80, 16, als Bezeichnung der Welt aufgefaßt, knüpft sich die Frage: Durch welches Verdienst besteht die Welt? Abba b. Kahana, Levi und die Gelehrten beantworten sie mit je einer an jenen Ausdruck anknüpfende exegetische Begründung: Durch das Verdienst des David'schen Königshauses, der Thora, Israels. Letztere die Gelehrten, nach II Sam. 7, 24 (ותכינן[2]).

Abba b. Kahana und **S i m o n b. J a n n a i**. Goliath konnte deshalb nicht auf David losstürzen, weil er plötzlich von Aussatz befallen wurde[3]).

Chanina b. Papa.

Zu Gen. 6, 3. Die These Chanina b. Papas, daß Noach um Moses willen gerettet wurde, leiten die Gelehrten aus den „120 Jahre" ab: das war auch die Zahl der Lebensjahre Moses[4]). — Auf die Frage nach dem Unterschiede zwischen den jüdischen und den heidnischen Propheten antworteten Chanina b. Papa und die Gelehrten mit je einem Gleichnisse. Das der Gelehrten illustriert die mit Bibelstellen (Num. 22, 20; Gen. 20, 6; 31, 24) belegte Annahme, daß sich Gott den Heiden nur des Nachts offenbart[5]).

Chanina b. Papa und **S i m o n**. Zu Ruth 3, 6. Die ursprüngliche Absicht Ruths, als sie sich zu Boaz begab, war nicht löblich[6]).

[1]) Pesikta 188 a: רבי אבא בר כהנא יבחיני שברריס אחד בהם אימ׳ ... יבריי אימ׳ ... Die beiden Erklärungen selbst sind, wie sie vorliegen, unverständlich.

[2]) Midr. Samuel c. 16; II, 382, 4.

[3]) Pesikta 175 a; Lev. r. c. 11 (2); Midr. Sam. c. 21 (3); II. 487, 8. Eine Andeutung des Aussatzes finden die Gelehrten in יסגירך (I Sam. 17, 46) verglichen mit והסגיר, Lev. 13, 5.

[4]) Gen. r. c. 26 (6); II, 530, 5: רבי חייא בב . . רבן מימיי לה מן בב דרא.

[5]) Gen. r. c. 52 (5); Lev. r. c. 1 (13) . . . רת בב ב רבון. In Gen. r. c. 74 (7) ist statt der Gelehrten Simon genannt. S. II. 521, 1; 472, 3.

[6]) Ruth r. z. St. . . . רת בב רת מיי רבון. In Gen. r. c. 51

Chanina b. Papa und Jehuda b. Simon. Gott beschwörte Israel bei dem Geschlechte der großen hadrianischen Verfolgung, auf dessen Märtyrertum die Worte [hebräisch] und [hebräisch] (Hoh. 2, 7) hinweisen[1]).

4. Die palästinensischen Amoräer des vierten Jahrhunderts.

Chelbo.

II Kön. 24, 16. Nach Chelbo (tradiert von Berechja) ist die Zahl 1000 distributiv gemeint, nach den Gelehrten betrifft sie [hebräisch] und [hebräisch] zusammen. Ferner sind unter diesen nach Chelbo die Mitglieder des Gelehrtenstandes, nach den Gelehrten die Vornehmen, Ratsherren [hebräisch] zu verstehen[2]). — Über die Dauer des [hebräisch] genannten Zeitteilchens sagt Chelbo (tradiert von Berechja) es sei die Zeit, während der dieses Wort ausgesprochen wird: die Gelehrten: solange wie ein Zucken des Auges, ein Augenblick[3]).

Aibo.

Gen. 27, 30. Daß Jakob sich entfernte, ohne von dem eben kommenden Esau bemerkt zu werden, erklärt Aibo mit der Beschaffenheit des Hauses Isaaks, das einen durchlaufen-

Ende ist als Urheber der dritten, aber dort genauer mitgeteilten Ansicht Levi genannt. S. II, 458, 6.

[1]) Schir r. z. St.: [hebräisch]; II, 526, 6; III, 197, 2.

) J. Nedarim 40a, 51; Sanhedrin 19a, 24; III, 60, 2: [hebräisch]. In Lev. r. c. 11 (7); Gen. r. c. 42 (3), Esther r. Einl., Ruth r. Einl. ist in der ersten Kontroverse anstatt Chelbo genannt [hebräisch] (wohl Jehuda b. Simon). Die zweite Kontroverse fehlt in Gen. r. ganz. In Lev. r. ist anstatt Chelbo ebenfalls Jehuda b. Simon genannt ([hebräisch]), die Meinung der Gelehrten ist Samuel b. Jizchak zugeschrieben, den Gelehrten die Meinung [hebräisch], was aber nur die hebr. Wiedergabe von [hebräisch] ist. In Esther r. wie in Lev. r. (ohne die ebenerwähnte Meinung der Gelehrten). In Ruth r. ist in der ersten Kontroverse Jochanan anstatt der Gelehrten genannt, die zweite Kontroverse wie in Esther r. S. auch III, 188, 6.

[3]) J. Berach. 4d, 14; Echa r. zu 2, 19; Midr. Sam. c. 3 (1).

den Torweg mit zwei Eingängen hatte. Die Gelehrten erklären es mit der Beschaffenheit der Türe, die Doppelflügel hatte, so daß Jakob hinter dem einen Türflügel stand, während Esau eintrat[1]). — Exod. 33, 6. Auf die Frage, wie den Israeliten der auszeichnende Schmuck, den sie am Choreb bekommen hatten, genommen wurde, antwortete Aibo: Er löste sich von selbst ab; die Gelehrten: ein Engel kam herab und löste ihn ab[2]). — I Sam. 12, 22. Die Erläuterung Samuel b. Nachmans zu diesem Verse wird von Aibo anders tradiert, als von den Gelehrten[3]). — I Sam. 14, 12. Wie konnte David trotzdem, daß die Leute Sauls das Haus bewachten, entfliehen? Nach Aibo hatte das Haus zwei Tore, und nur das eine war bewacht; er entfloh durch das andere. Nach den Gelehrten genügt die Angabe der Schrift, daß ihn Michal durch das Fenster hinabließ[4]). — Ps. 63, 2. Die von Eleazar tradierte Deutung Jose b. Simons zu כמה wird von Aibo anders gelehrt, als von den Gelehrten. Nach Aibo hängt das Wort zusammen mit dem Namen der Pilze כמהיות: sowie diese auf den Regen harren, so harre ich auf dich. Nach den Gelehrten ist das Wort כְּמוֹ zu lesen: „so wie sie" — meine Seele — so dürsten alle 248 Glieder meines Leibes nach dir[5]). — Echa 4, 19. דלקונו ist von den Verfolgern Israels gesagt[6]). — Nach Aibo geht das Gebet dem Segen voraus, vgl. Ps. 32, 6; nach den Gelehrten der Segen dem Gebete, vgl. Ps. 89 Ende, 90 Anfang[7]).

[1]) Gen. r. c. 66 (5); II, 124, 6.

[2]) Schir r. zu 1, 3; 5, 7; 8, 5; Echa r. Prooem. 24; Sch. tob zu Ps. 36 Ende; III, 67, 3 (wo die Stellenangaben aus Schir r. unrichtig sind). רי אייבי ורבנן.

[3]) Ruth r. zu 1, 6 (I, 531, 1): אמר רשב"ן . . . א"ר אייבי . . . ורבנן אמרי . . .

[4]) Sch. tob zu Ps. 59; III, 67, 4: רי אייבי ורבנן. Vgl. die Kontroverse zu Gen. 27, 30.

[5]) Gen. r. c. 63 (2); fehlt III, 72. Die Erklärung כָּמַהּ = כמה nach S. Straschun.

[6]) Echa r. z. St.; Sch. tob zu Ps. 7, 11. Gegen die Erklärung Aibos (III, 75) und die des Jakob aus Kefar Chanin (III, 571, 7), die beide דלק im Sinne von brennen oder anzünden erklären.

[7]) Pesikta 197a . . . רי אייבי ורבנן.

Aibo, Berechja. Echa 3, 7. „Er hat eine Mauer um mich gezogen, so daß ich nicht hinaus kann." Das weist auf das Gebiet der Samaritaner hin[1]).

Jirmeja.

Ps. 19, 8: „Die Lehre des Ewigen ist vollkommen", weil sie „die Seele erquickt"[2]).

Acha.

Gen. 6, 4. Sie hießen עֲנָקִים, weil sie über und über mit Halsketten (Prov. 1, 9) geschmückt waren[3]). — Gen. 17, 19. „Deine Frau." Sara war die Herrin ihres Gatten[4]). — Gen. 21, 7. „Sara säugte Kinder." Von diesen Kindern heidnischer Mütter, die ihr zum Säugen gebracht wurden, wurden diejenigen, die man in frommer Absicht brachte, später Gottesfürchtige; nach Acha wurden auch die übrigen gesegnet, indem ihnen weltliche Macht zu Teil wurde[5]). — Gen. 39, 3. In den Worten „daß Gott mit ihm war" ist angedeutet, daß Joseph beim Gehen und Kommen stets leise flüsternd sein im Vaterhause erworbenes Wissen wiederholte. Aber schließlich vergaß er es dennoch, nach Gen. 41, 51[6]. — Gen. 49, 2. Mit dem Worte האספי mahnt Jakob seine Söhne, einig zu sein (wie Ezech. 37, 19)[7]). — Lev. 16, 1. Nadab und Abihu mußten sterben, weil sie in ihrem Hoch-

---

[1]) Echa r. z. St. III, 75, 1.

[2]) Sch. tob z. St. ... ירמיה יבבן חד אמר ... יהודה אמר; III, 152, 5.

[3]) Gen. r. c. 26 (7); III, 125, 3 ... רבנן יהי אהא.

[4]) Gen. r. c. 47 (1); 52 (5) מרתיה דבעלה; III, 126, 2.

[5]) Gen. r. c. 53, 9 רבנין יהי אהא; III, 126, 4. In Pes. r. c. 43 (180a) wird die Ansicht der Gelehrten im Namen Levi's, die Acha's im Namen der Gelehrten (רבנין) gebracht.

[6]) Gen. r. c. 86 (5) רבנן אמרי ... היה בשם ר' אבא אמרי ... Acha (in III, 127 nachzutragen) findet in den Textworten die Andeutung der von Joseph in seinem Dienste bekundeten Zauberkunst. Die hier gegebene Deutung in Gen. 41, 51 hat nach Gen. r. c. 79 (5) Jochanan zum Urheber (I, 282, 4).

[7]) Gen. r. c. 98 (2) חייו בולהון אביבה אחה; III, 134, 2.

mute keine Frau als ihrer würdig erachteten und ehelos blieben. So Acha, nach Anwendung von Ps. 78, 63. Nach den Gelehrten: weil sie am Sinai es Moses gleichtun zu können meinten, indem sie den Glanz der Gottesherrlichkeit genießen und sich des Essens und Trinkens enthalten wollten. Sie aber „schauten Gott" und dennoch aßen und tranken sie (Exod. 24, 11)[1]). — I Kön. 5, 10. Eine hyperbolische Deutung der Zahlenangabe über Salamos Sprüche und Lieder[2]). — Jer. 51, 57. Die den „ewigen Schlaf schlafen", d. h. nicht auferstehen und nicht gerichtet werden, sind nach Acha diejenigen, die ihre Hand gegen das Heiligtum ausgestreckt haben, nach den Gelehrten die Minderjährigen unter den Heiden und die Heere Nebukadnezzars[3]). — Ps. 4, 5[4]). — Ps. 42, 4. „Meine Thräne wurde mir zur Speise." Wer weint, kann nicht essen, nach I Sam. 1, 7[5]). — Aus Hiob 28, 27 folgern die Gelehrten, Gott habe alles, was er Moses

---

[1]) Tanch. B. אחרי 13 . . . רבותינו אומרים . . . ר' אחא אמר. Fehlt III, 127.

[2]) Schir r. zu 1, 1; Pes. r. c. 14 (60 b); III, 137, 9: ר' אלעזר בר אבינא משים ר' אחא ירבנן. In Pesikta 35 a und Par. reiht sich die Deutung der Gelehrten an dem Ausspruche Samuel b. Nachmans über das Buch der Sprüche, während Achas Ausspruch ganz fehlt. Jedoch steht dieser mit dem der Gelehrten auf einer gemeinsamen Grundlage, der hyperbolischen Deutung der Zahlen.

[3]) Koh. r. zu 9, 4. Nachzutragen III, 151.

[4]) Pesikta 158 a, Sch. tob z. St., Ruth r. c. 8 Anf. Aus den verschiedenen Lesearten ergibt sich als Autorangabe für die eine Erklärung Acha (tradiert von Jakob b. Abina), also in Pesikta ר' יעקב בר אבינא משים ר' אחא ירבנן . . . Die Erklärung Achas (III, 142, 6) lautet: ארגיו יצרך יאל יחטיא. Die der Gelehrten nach der ursprünglichen Leseart in Pes.: אבעים יצרך ולא חביא לידי חטא. Zwischen ארגיו und אבעים ist kein sachlicher Unterschied; erzürne deinen bösen Trieb (d. h. bekämpfe ihn). Die Paraphrase von ואל תחטאו lautet nach Acha: damit er dich nicht sündigen mache! Nach den Gelehrten: damit du nicht der Sünde verfallest. Die eine Paraphrase faßt den Ursprung der Sünde, die andere ihre unheilvolle Macht über den Menschen ins Auge.

[5]) Echa r. zu 1, 2; III, 144, 2: ר' אחא ורבנן. — In Midr. Sam. c. 1, (9) wird der Ausspruch der Gelehrten für sich und ohne Beziehung auf Ps. 42, 2 gebracht: רבנן אמרין מי שהוא ביבה אינו אובל דבתיב . . . . In Schocher tob zu Ps. 42 (3) in anderer Form anonym.

offenbarte, vorher zweimal erwogen, nach Acha, der die Verba des Satzes einzeln zählt, viermal[1]). — Koh. 1, 4. „Die Erde besteht ewig." Gemeint sind die durch die Erde hervorgebrachten Nahrungsstoffe[2]). — Zu Esther 1, 1[3]). — Über die Lokalität des in M. Taanith erwähnten Ereignisses der Verbrennung der Thora[4]). — Erdbeben sind nach Acha Folgen unnatürlicher Unzucht, nach den Gelehrten des Unfriedens[5]). — Wer nach Beendigung des Gemeindegebetes betet, dessen Handlungen werden besonders beurteilt[6]).

Daß man Gott, ob er Gnade erweist ob er Leiden verhängt, preisen müsse, findet Acha (trad. von Huna) ausgedrückt in Ps. 101, 1, Tanchum b. Juda in Ps. 56, 2, die Gelehrten in Ps. 116, 3f[7]).

Jehuda b. Simon (= J. b. Pazzi).

Gen. 1, 4. Gott sonderte das Licht der Schöpfung für die Frommen ab, die seiner in der Zukunft teilhaftig werden sollen[8]). — Gen. 1, 6. Zwischen den „oberen Wassern" und den „unteren Wassern" gibt es keinen Mengeunterschied[9]).

---

[1]) Gen. r. c. 24 (5) רבנן ור' אחא. In Tanch B. ויקהל 5: ר' אחא דרביה. In Exod. r. c. 40 (1) wird im Sinne dieser Deutung, aber ohne Zahlangabe, der öffentlich Vortragende erwähnt, Gottes Beispiel zu befolgen (אמרי רבנן). Achas Ausspruch steht dann besonders, ebenfalls in der Form einer Mahnung (III, 116, 3).

[2]) Koh. r. z. St. III, 150, 4: ר' אחא רבנן.

[3]) Esther zu 1, 1: ה' היא בשם רבי אחא רבנן ... Daß von dem Weltreich des Cyrus sein Nachfolger nur die Hälfte beherrschte, begründet Acha mit Esra 1, 2 (III, 129, 3), die Gelehrten mit Esra 6, 3 (60 Ellen Höhe statt der II Chr. 8, 4 erwähnten 120, also die Hälfte).

[4]) J. Taanith 68a mit ר' אחא רבנן.

[5]) Jer. Berach. 13c, 53. Die Gelehrten zitieren als Beleg, Zach. 14, 5.

[6]) Echa r. zu 3, 8, mit einem Gleichnisse. Acha (III, 153, 2) rühmt mit seinem Gleichnisse das Beten mit der Gemeinde.

[7]) J. Berach. 19b, 38; Lev. r. c. 24 (2).

[8]) J. Berach. 12c, 6; Gen. r. 3 (6); III, 205, 3. Ähnlich El. b. Pedath, in Chagiga 12a (II, 87, 5).

[9]) Gen. r. c. 4 (5): בן פזי אמר ... רבנן א' מחצה על מחצה. In den Ausgaben ist בן פזי zu ר' שמעון בן פזי ergänzt, weshalb ich II, 472, 3 den Ausspruch Simon zugeschrieben habe. Doch verzeichnet Theodor (S.

— Gen. 3, 22. „Wie der Eine“, d. i. wie der Engel Gabriel, der in Ezech. 9, 2 als אחד bezeichnet wird[1]). — Gen. 36, 24. Nach Jehuda b. Simon entstanden die als יֵמִם bezeichneten Tiere durch Paarung von Wildeseln mit Eselstuten; nach den Gelehrten von Eseln mit Pferdestuten[2]). — Gen. 38, 1. Chira ist kein anderer als Chiram der Freund Davids (I Kön. 5, 15[3]) — Lev. 11, 5. Nach den Gelehrten bezeichnet שפן symbolisch das medisch-persische Reich, weil dieses sowohl fromme als frevelhafte Herrscher erstehen ließ, sowie jenes Tier Zeichen der Reinheit und Unreinheit aufweist. Jehuda b. Simon findet die Ähnlichkeit in dem letzten Herrscher des Reiches Darius, der — als Sohn der Esther — von Seiten der Mutter rein, von Seiten des Vaters unrein war[4]). — Zu Num. 5, 2. Die Aussätzigen im Lager Israels waren es bei Gelegenheit der Sünde des goldenen Kalbes geworden, was aus dem Worte פרוע (Exod. 32, 25), verglichen mit Lev. 13, 45 hergeleitet wird[5]). — I Kön. 5, 3. ברברים[6]). — Ezechiel

---

29) die Variante ר׳ יהודה בן פזי also J. b. Simon, was ich jetzt für richtiger halte. Die Meinung der Gelehrten entspricht der Deutung Jochanans zu Ps. 65, 10; Gen. r. ib. (I, 331, 5).

[1]) Gen. r. c. 21 (5); III, 180, 2.

[2]) Jer. Berach. 12 b, 27; Gen. r. c. 82 (15). Hieronymus (s. Graetz, Monatsschrift, III, 386 und B. Beer ib. X, 75) bringt beide Ansichten so eingeführt: Sunt qui arbitrantur . . . plerique putant. Die Ansicht der Gelehrten auch von Hieronymus als die der Mehrheit bezeichnet. Die Ansicht J. b. S.'s gibt das pal. Targum wieder.

[3]) Gen. r. c. 85 (4): רבנן אמרי . . . ריב״ש אמר; III, 177, 3.

[4]) Lev. r. c. 13 (5); III, 177, 6: רבנן ור׳ יהודה ברבי סימן.

[5]) Lev. r. c. 18 (4). Vor den Ansichten der Gelehrten und J. b. S.'s stehen die Ansichten von zwei anderen Amoräern. In Num. r. c. 7 (4) ohne die letzteren ריב״ש א׳ . . . ורבותינו אומרים, aber mit Umkehrung der Urheberschaft.

[6]) Pesikta 58 b; Pes. r. c. 16 (81 b), Koh. r. zu 2, 6. In Koh. r. scheint die Kontroverse am richtigsten erhalten zu sein. Zuerst רבנן, die das Wort mit מיני ברבריא erklären; in beiden Pesiktas hat dies Jehuda [b. Simon], tradiert von Berechja. Dann kommt des Letzteren Meinung, die in beiden Pes. den Gelehrten zugeschrieben wird: Es sei eine große Vogelgattung gemeint, von der täglich ein Exemplar auf Salomos Tisch kam und die aus dem Barbarenlande stammte. Die erstere Erklärung deutet das biblische Hapaxlegomenon nach dem ähnlich lautenden βιβλίον

5, 7 wird von den Gelehrten nach 11, 12 erklärt: ihr habt nach den guten Satzungen der Völker nicht gehandelt; aber nach ihren bösen Satzungen habt ihr gehandelt[1]). — Ezech. 4, 2. „Sie blieben bei dem ehernen Altare stehen“, in Erinnerung an die mit demselben begangene Schuld des Königs Achaz (II Kön. 16, 15[2]). — Amos 3, 15. Die Gelehrten deuten die Ausdrücke des Verses so, daß jeder Vornehme in Samaria sechs Paläste hatte[3]). — Ps. 22, 1. Über die fromme Hirschkuh[4]). — Hoh. 1, 7. Die zweite Vershälfte paraphrasieren die Gelehrten so: Damit deine Kinder nicht in der Größe ihrer Bedrängnis von dir abweichen und sich der Herde deiner Genossen anschließen[5]). — Hoh. 4, 11. Die wohlriechende Salbe heißt אהלות, weil sich ihr Duft im Zelte ausbreitet[6]). — I Chr. 6, 13. Der erste Sohn Samuels heißt hier וישני, nicht Joel, um anzudeuten, daß auch er wie der „zweite“ Sohn ein Frevler war[7]). — Vier Personen der Bibel haben Gebete verfaßt und denselben Stachelreden gegen Gottes Walten vorausgehen lassen: Jirmeja (32, 16; vorher 12, 1[8]); Habakkuk (3, 1, vorher 1, 2[9]); David (Ps. 17, 1, vorher 10, 14); Moses (Deut. 9, 26, vorher Exod. 32, 11)[10]).

(vivarium), es seien also Zuchtvögel, die andere nennt den fast gleichlautenden geographischen Namen.

[1]) Midr. Samuel c. 22 (3); III, 192, 1: רבין ירי ברבי סימין. In Sanh. 39b hat die Erklärung der Gelehrten Josua b. Levi zum Autor.

[2]) Echa r. zu 2, 1; III, 192, 1.

[3]) Midr. Sam. c. 2 (1) und Par; III, 192, 10.

[4]) Sch. tob zu Ps. 22 (14); III, 219, 4. Eine ähnliche, ebenfalls mit Ps. 24, 2 gestützte Tiersage, wie die J. b. S.'s.

[5]) Schir r. zu 1, 7; III, 196, 4.

[6]) Schir r. zu 4, 11; III, 197, 7.

[7]) Midr. Sam. c. 1 (6); III, 201, 2: רבין ידיי ברבי סימין, Ruth r. zu 2, 1 (ohne Einführungsformel). Num. r. c. 10 (5); wo der Name falsch aufgelöst ist in ר' יודן אמר בשם רבי סימין. Sch. tob zu Ps. 80 (1): ר' ב' ר' סימין ירמין.

[8]) So muß es heißen, nicht Jer. 32, 24: denn dieser Vers gehört in J. b. S.'s Ausspruch.

[9]) Statt: מה בתיב למעלה מן הענין ה' שמעתי שמעתי שמעך muß es heißen: מה . . . עד אנה ה' שיעתי ולא תשמע.

[10]) Sch. tob zu Ps. 90 (2); III, 213, 3: רבין יד ברי בר סימין.

Jehuda b. Simon, Chanina. II Chr. 32, 33. Die Ehre, die man dem Könige Chizkija nach seinem Tode erwies, bestand darin, daß sie von dem Eingange ihrer Häuser bis zu der Grabstätte des Königshauses Teppiche ausbreiteten[1]).

Judan.

Judan, Huna. Den Gedanken, den Judan in דמי, Gen. 4, 6 (Plural) Huna in demselben Worte, in II Kön. 9, 26, ausgedrückt finden, wenden die Gelehrten auf II Chr. 24, 25 an: um des Blutes der Söhne Jojadas und ihrer Nachkommen willen[2]).

Judan, Berechja. Zu Gen. 46, 1. Warum „dem Gotte seines Vaters Isaak?" Darauf geben Judan und Berechja je zwei Antworten, die Gelehrten eine: Die Asche des zur Opferung bestimmten Isaak wird — obwohl die Opferung nicht vollführt wurde — so betrachtet, als läge sie aufgehäuft auf dem Altare. Darum gedachte Jakob, als er Opfer darbrachte, seines Vaters Isaak[3]).

Huna.

Gen. 29, 53. מגדנת bed. nach Huna Muscheln (κόγχη), nach den Gelehrten Nachtisch-Delikatessen aus gerösteten Weizenkörnern und Nüsse[4]). — Gen. 32, 25. Der Engel,

---

[1]) Echa r., Prooemien N. 25; III, 92, 4: דיבש ר׳ חנין ר׳ בשם.

[2]) Gen. r. c. 22 (9); III, 251, 1; 289, 5: ר׳ יודן ר׳ הונא בשם. Beachtenswert ist der Umstand, daß die drei Verse mit דמי den drei Teilen der Bibel angehören. S. meine Schrift: Die Prooemien der alten jüd. Homilie.

[3]) Gen. r. c. 94 (5); III, 248, 2 (nachzutragen III, 365): ר׳ יודן אמר ה תרין . . . ר׳ ברכיה אמר תרין . . . בשם אמרי. Die Vorstellung der Asche Isaaks: (ראים אפרו של יצחק באלי צביד על גבי המזבח) findet sich in der Erklärung der Asche im Fastenritus Taanith 16a (s. I, 448, 3): כדי שיהיה לכ אפרו של יצחק. S. auch unten S. 58, Anm. 1.

[4]) Gen. r. c. 60 (11); fehlt III, 284. Beide Erklärungen gehen davon aus, daß die für Rebekkas Bruder und Mutter bestimmten Geschenke in Dingen bestanden, die jungen Leuten und Frauen Freude machen. Zur Erklärung der Gelehrten vgl. die Angabe des Tannaiten Jehuda b. Ilai, daß man am Pesachabende den Kindern קליות ואגוזין austeilt, damit sie nicht einschlafen, Pesach. 108 b unt. Derselbe Tannaite

mit dem Jakob kämpfte, war ihm in Gestalt eines Räuber-
hauptmannes erschienen[1]. — Hoh. 2, 4. Die Gelehrten
deuten die zweite Vershälfte in demselben Sinne wie Huna,
nur daß sie für דגלי lesen דלגי, von dem Bibel lesenden
Kinde, das ohne Scheu auch die Gottesnamen überhüpft;
auch dieses Überhüpfen, spricht Gott, ist mir lieb[2]. —
Hoh. 7, 2. הלאים bed. nach Huna Stücke einer Säule, nach
den Gelehrten Stücke von Perlen[3]. — Zwischen Daniel 5
und 6 hätte chronologisch 7 und 8 stehen sollen. Sowohl
Huna als die Gelehrten sehen darin einen Beweis des nicht
rein profanen Charakters des Buches Daniel[4]. — Das
Längemaß Θηβαϊκόν (Thebaikon) hat nach Huna seinen Namen von der Thebais (in Ägypten), nach den Gelehrten von
der Arche (Theba), bei der es angewendet ward[5].

Huna, Abin und die Gelehrten haben verschiedene
Angaben über den Namen der Frau Nebukadnezzars[6].

Josua b. Nechemja.

Hiob 34, 14 f. Die Gelehrten erklären die beiden Verse
ganz so wie Josua b. Nechemja, nur daß sie das Suffix in
אלי nicht auf den Menschen, sondern auf Gott beziehen[7].

Berechja.

Lev. 26, 42. Warum wird nur bei Jakob und Abraham,
nicht auch bei Isaak der Ausdruck „ich gedenke" angewendet?

---

verbietet dem Krämer den Kindern קלי אי auszuteilen, damit er sie daran
gewöhne, bei ihm zu kaufen (M. Baba Mezia IV, 12).

[1] Gen. r. c. 77 (2); Schir r. zu 3, 6; III, 286, 6: ר׳ חייא אמר
... דבנן אמרי ... Der Ausspruch der Gelehrten ist näher ausgeführt,
gleich dem Hunas.

[2] Schir r. z. St. ... רבנן אמרי ... אמר ר׳ קריא. III, 292, 1.

[3] Schir r. z. St. III, 292, 3. Zur Erklärung der Gelehrten vgl.
M. Kelim XI, 8: חליות של אבנים טובות ומרגליות.

[4] Gen. r. c. 85 (2). Die Gelehrten: בני לבבן על הספר כלי.

[5] Gen. r. c. 31 (10). Ed. Theodor 282.

[6] Lev. r. c. 19 Ende; III, 424, 5. Nach den Gelehrten hieß sie
שמירמית, weil sie im Donner geboren wurde (שנמרית ברעם). Eine merk-
würdige hebräische Etymologie des Namens Semiramis.

[7] Gen. r. c. 14 (9); III, 307, 3: ר׳ בן נחמיה דבנן. Auch Targum und Vulgata erklären אלי wie die Gelehrten.

Weil Isaaks Asche auf dem Altare, auf dem er hätte geopfert werden sollen, gleichsam aufgehäuft liegt, so daß es keines Gedenkens bedarf[1]). — Paraphrase zu Echa 5, 1. Israel spricht vor Gott: Herr der Welt, wir gehören dir und die Völker der Welt gehören dir; warum schonst du gerade uns, deine Nation, nicht ?[2])

In einer Erörterung über die 32 Könige, die bei Ben Hadads Heere sich befanden (I Kön. 20, 1) wird erklärt, daß ein Teil derselben sich als Geiseln beim Syrerkönig aufhielten. Im Anschlusse daran wird tradiert, Berechja habe zwei Benennungen der Geiseln angeführt und die Gelehrten hätten zu diesen — griechischen — Benennungen etymologische Erklärungen gegeben[3]).

Abin.

Gen. 31, 43. Die These Abins, daß Laban, wenn er von seinen Töchtern spricht, nicht nur Rachel und Lea, sondern

---

[1]) Lev. r. c. 36 (5); III, 375, 4. S. auch oben S. 56, Anm. 3 : ‏ר' ברכיה ורבנן‎ . . .

[2]) Echa r. z. St. III, 360, 4. In Pesikta 26 a, Tanch. B. ‏תצא‎ 11 fehlt die Ansicht der Gelehrten.

[3]) Esther r. zu 1, 1 : ‏ר' ברכיה ורבנן‎. Die beiden Ausdrücke, die Berechja vorbringt, ohne irgend eine Beziehung zu einem biblischen Texte, sind: ‏בני אפיבא‎ und ‏בני אמוריא‎, das eine aus griechisch ἀποχή, das andere aus ὅμηρος (s. Krauß, Lehnwörter II, 60, 100). Das erstere erklären die Gelehrten mit einem sonst nicht vorkommenden Worte ‏שיהוי‎ ‏מרוצצין בארביך‎ (nach Levy I, 168 b: bedrückt im Gefängnisse); vielleicht hieß es ursprünglich ‏באביך‎, ein allerdings sonst nicht vorkommendes Substantiv zum Verbum ‏אבך‎, drücken, drängen, gewählt wegen der Gleichheit seiner Buchstaben mit ‏אפובי‎ woraus die Ausgaben ‏אפבייא‎ machten). Das zweite Wort erklären die Gelehrten mit dem hebräischen ‏תמורה‎ : die Geiseln sind anstatt ihrer Väter in Haft (‏התמורת אביתיהם‎). Also beidemal ein hebr. Wort als Etymologie des Griechischen. Beide Ausdrücke für Geiseln kommen nur noch einmal vor, und zwar in Echa r. zu 3, 13: Rab wendet beide zur Erklärung des Ausdruckes ‏בני אשפתי‎ an; gegen Samuel, der diesen Ausdruck anders deutet. Offenbar bezieht sich auch Berechjas Ausspruch in Esther r. auf den Ausdruck der Klagelieder. Vielleicht tradierte er ihn ursprünglich im Namen Rabs (vgl. III, 346, 3; 348, 2). Es ist aber auch möglich, daß in Esther r. ‏ר' ברכיה‎ falsche Auflösung von ‏רב‎ ist, dann wird auch verständlich, daß die Gelehrten, die im Namen Rabs überkommenen Fremdwörter deuteten.

auch Bilha und Zilpa meint, begründen die Gelehrten auf andere exegetische Weise, als Abin selbst[1]).

Tanchuma.

Zu Exod. 11, 4, mit Beziehung auf Gen. 14, 15. Gott spricht: Euer Vater zog mit mir aus (zum Kampfe gegen die Könige) um Mitternacht; so ziehe ich mit seinen Kindern aus um Mitternacht. So Tanchuma. Die Gelehrten: Gott spricht: Euer Vater zog mit mir aus vom vorhergehenden Tage bis Mitternacht; so ziehe ich mit seinen Kindern aus von Mitternacht bis zum andern Morgen[2])." — Zu der Dichtung, die Huna aus dem Hauran an das Wort העלים in Gen. 31, 12 knüpft[3]), gibt es zwei Versionen, von Tanchuma und den Gelehrten. Nach Tanchuma wirkte ein starker Regenguß dabei mit, um Tiere aus der Heerde Labans in die Jakobs zu bringen; nach den Gelehrten geschah es unter dem Schutze gottgesendeter Wolken[4]). — Zu Prov. 24, 7 eine ähnliche Anwendung wie die Tanchumas[5]).

5. Verschiedene paläst. Amoräer des 3. und 4. Jahrhunderts.

Abba.

Gen. 3, 24. Das Schwert, das den Eingang zum Garten Eden bewacht, ist ein Symbol des Schwertes der Beschneidung (Josua 5, 2). So Abba (tradiert von Huna). Nach den Gelehrten, des Schwertes der Thora (Ps. 149, 6)[6]).

Abina.

Zum Thema, daß Gott, der Urquell des Lichtes, nicht des von den Menschen angezündeten Lichtes bedarf, sind in

---

[1]) Gen. r. c. 74 (13): אמר ר׳ אבין . . . דבנין מייתי לה מהכא.

[2]) Pesikta 63b; Pes. r. c. 17, 87a. In Gen. r. c. 43 (3) steht bloß der Ausspruch Tanchumas, s. III, 485, 5.

[3]) S. III, 566, 1.

[4]) Gen. r. c. 73 (4); c. 74 (3).

[5]) Deut. r. c. 8 (3) דבנין אמרי: III, 471, 2.

[6]) Gen. r. c. 21 Ende: fehlt III, 524.

einer Gruppe je zwei Aussprüche von Abina, B e r e c h j a
und den Gelehrten überliefert. Von den Gelehrten: 1. Gott
spricht zum neugeborenen Kinde: Neun Monate hindurch
war ich im Mutterleibe deine Leuchte, bedarf ich da deines
Lichtes? 2. Gott spricht: Das Licht wohnt bei mir (Dan. 2,
22), bedarf ich deines Lichtes?[1])

A d d a b. C h u n i a.

Dem an Koh. 1, 13 und 3, 10 geknüpften Ausspruch
Adda b. Chunias über Propheten und Hagiographen[2]),
schließt sich ein Ausspruch der Gelehrten an, welcher die
Schlußworte der beiden Verse לְעָנֹ֣ת בֹּ zu Gunsten der Be-
schäftigung mit dem nichtpentateuchischen Teile der heiligen
Schrift deutet[3]).

C h a m a b. U k b a.

Echa 1, 1. Die Worte „sie ist einer Witwe gleich geworden" deuten die Gelehrten ebenso wie Chama b. Ukba
mit einem dem Gebiete der Halacha entnommenem Gleichnisse[4]).

C h a n i n a b. J i z c h a k.

Gen. 24, 50. „Vom Ewigen ist das Wort ausgegangen."
Das bezieht sich auf das im nächsten Verse (51) erwähnte
Wort Gottes („wie der Ewige geredet hat")[5]).

C h i l f a i b. K u r a j a.

Zu Gen. 3, 1. Wo war Adam, als die Schlange mit Eva
sprach? Gott unterwies ihn in den Regeln der Landwirtschaft,

---

[1]) Lev. r. c. 31 (8): ר' אבינא אמ' תרתי יר' ברכיה אמ' ת' ירבנן
אמרי תרתי ... III, 540, 1; 356, 8.

[2]) S. III, 655, 6, wo durch Kombination mit der Parallelstelle in
b. Nedarim 22b als Autornamen ר' אדא בר חיניא (Koh. r. nur ר' חיניא)
festgestellt ist. Es war mir entgangen, daß ich III. 543, 1 den Ausspruch
aus Nedarim auch unter Acha b. Chanina brachte.

[3]) Koh. r. zu beiden Stellen.

[4]) Echa r. z. St. III, 550, 4 (dort l. Echa st. Schir r.): ר' חמא
בר עקבא ירבנן ...

[5]) Gen. r. c. 60 (10); III, 683, 2.

zeigte ihm, welches Stück Land zur Aussaat von Getreide, welches zur Pflanzung von Bäumen geeignet ist. Dies ist angedeutet in Jerem. 2, 6 (אֶרֶץ)[1]).

Chilkija.

Joel 4, 13. Die Aufforderung ergeht nach Chilkija an die Engel, nach den Gelehrten an Israel[2]).

Ebjathar.

Gen. 18, 6. Nach Ebjathar waren je drei Sea Mehl zu den drei verschiedenen Zwecken der Zubereitung des Backwerkes bestimmt; nach den Gelehrten zusammen drei Sea, je eines zu jedem derselben[3]). — 40, 1. Nach den Gelehrten fand man eine Fliege in den vom Mundschenk dem Könige gereichten Becher, ein Erdklümpchen in dem Kuchen des Bäckers; nach Ebjathar hatten sie versucht, sich der Tochter des Königs zu nähern[4]. — Exod. 2, 12. Womit tötete Moses den Ägypter? Nach Ebjathar mit der Faust; nach den Gelehrten mit Aussprechung des Gottesnamens[5]).

Jona aus Bozra.

Ps. 75, 8. Die Gelehrten wenden diesen Vers auf Aharon an, dessen Erniedrigung (Exod. 32, 14) und dessen Erhöhung (Lev. 6, 19) mit dem Ausdrucke רם bezeichnet ist[6]).

---

[1]) Gen. r. c. 19 3 : III, 583, 2.

[2]) Sch. tob zu Ps. 8 Anf.: III, 689, 6.

[3]) Gen. r. c. 48 (12): ר א אמר ... דבית אמרי. Über Ebjathar, s. III, 563 f. Die Meinung Ebjathars entspricht der anonymen Erklärung in Ab. di R. N. I c. 13 (p. 29 a), II c. 23 24 a).

[4]) Gen. r. c. 88 (2): ר ה א אמר ... דבנן אמרי. Statt אמרין ה hat Lekach tob ריהט ה.

[5]) Exod. r. c. 1 (29). Vgl. II, 236, 4; 366, 8.

[6]) Pesikta 12 a: ר ה ... דבאין קרא פרק דבי דבית בנייהו ריה ה בק ב נחמיה: III, 723, 1. In Lev. r. c. 8 (1) ebenso; nur ist die Ansicht der Gelehrten an zweiter Stelle gebracht, weil sie als Schluß des Prooemiums zu Lev. 6, 13 dient.

Samuel b. Ammi.

Ps. 3, 3 f. auf die Völker der Welt gedeutet. Diese sprachen zu Israel. Eine Nation, die aus Gottes Munde am Berge Sinai vernahm: Du sollst keine anderen Götter haben, sprach nach Verlauf von vierzig Tagen zum Kalbe (Exod. 32, 4): Dieses sind deine Götter, Israel! „Viele" — die sieben Völker (Jes. 17, 12) — „sagen von meiner Sache: Für ihn gibt es keine Hilfe". „Und du Ewiger, hast ihnen zugestimmt (Exod. 22, 19); aber du bist mein Schild", du schütztest uns um der Verdienste unserer Väter willen, „und bist Erhöher meines Hauptes" (Exod. 30, 12)[1].

Schela aus Kefar Tamartha.

Ps. 80, 17. Es heißt nicht עקורה mit den Wurzeln ausgerissen, sondern כסוחה, abgeschnitten; was abgeschnitten ist, erneuert sich und wächst wieder[2].

Tabjomi[3]

Tanchum b. Chanilai.

Esther 6, 1. Nach Tanchum b. Chanilai bedeuten die Worte: „es wich der Schlaf des Königs", daß die Vorsehung, der König des Weltalls, wachte. Die Gelehrten beziehen die Worte auf den himmlischen und den irdischen König zugleich[4].

6. Babylonische Amoräer.

Rab.

Zu Gen. 2, 11. Nach Rab gibt es drei Arten der mit תרדמה bezeichneten Bewußtlosigkeit, die des Schlafes (Gen. 2, 11);

---

[1] Pesikta 10b u. Par.: ר' שמיאל בר אמי ורבנן ... ורבנן פתרין קרא ...באיה; III, 746, 1.

[2] Sch. tob z. St.; III, 622, 7: ר' שילה ורבנן חד מנהון אמר ... זהרינא אמר .... Möglicherweise aber ist hier nicht der palästinische Amora Schela aus Kefar-Tamartha gemeint, sondern ·die babylonische Schule Schelas. S. unten.

[3] S. oben unter Simon b. Jochai, S. 20, Anm. 3.

[4] Megilla 15b unt.: אמר ר' תנחום נדדה שנת מלכו של עילם ורבנן אמרי נדדו עליונים נדדו תחתונים; III, 634, 2. Der Plural ist euphemistisch angewendet.

die der prophetischen Entzücktheit (Gen. 15, 12) und die der
Lethargie (I Sam. 26, 14). Die Gelehrten setzen noch hinzu:
Die der Torheit (Jes. 29, 10)[1]. — In Exod. 34, 6 f sind
nach Rab 11 Eigenschaften des göttlichen Erbarmens aufge-
zählt, nach den Gelehrten nur zehn[2]. — Zach. 11, 12. Die
dreißig Silberlinge bedeuten nach Rab (tradiert von Huna)
die dreißig Frommen, die es immer auf der Welt geben muß,
nach den Gelehrten die dreißig Gebote, welche die Noachiden
(die Völker der Welt) dereinst auf sich nehmen werden[3].
— Zu Echa 3, 13[4]).

Rab, J o c h a n a n und die Gelehrten äußern verschiedene Meinungen über מזרקי יין, Amos 6, 6. Nach den Gelehrten sind es mit Schnäbeln versehene Trinkgefäße[5]).

Über Esthers Alter. Nach Rab war sie 40, nach S a -
m u e l 80, nach den babylonischen Gelehrten 75 Jahre alt.
Im Namen derselben tradiert Berechja: entsprechend den 75
Jahren Abrahams, als er sein Vaterhaus verließ (Gen. 12, 4),
ließ Gott seinen Nachkommen in Esther einen Erlöser erstehen: der Name הדסה (Esther 2, 7) weist in seinem Zahlen-
wert (74) auf ihr Alter hin[6]).

Uber die volle Zahl der Söhne Hamans (Esther 5, 11)
werden überliefert die Meinungen Rabs (30) und R a m i b.
A b b a s (208 = רח), und an die Meinung Rabs, wonach
von den 30 Söhnen Hamans zehn gestorben waren, zehn
gehängt wurden, zehn am Leben blieben und betteln gingen,

---

[1]) Gen. r. c. 17 (5); 44 (17).

[2]) Sch. tob zu Ps. 93 (8). Vorhergeht der auch sonst vorkommende
Ausspruch Simons, der 13 Eigenschaften des Erbarmens zählte (II, 472, 5).

[3]) J. Aboda zara 40c, 15, wo die Autorangabe umgekehrt ist:
denn die Ansicht, daß die dreißig Frommen gemeint seien, ist in Gen. r.
c. 98 (9) ausdrücklich im Namen Rabs gelehrt, in Chullin 92a als Ansicht Jehudas (des Schülers Rabs). Die Ansicht der Gelehrten, es seien die
30 Gebote gemeint, lehrte nach Gen. r. ib. Jochanan, nach Chullin ib.
Ulla (ein Schüler Jochanans), S. I, 307, 7; III, 91, 3.

[4]) S. oben S. 58, Anm. 3.

[5]) Lev. r. c. 5 (3); Num. r. c. 10 (3): מזרקי יין הדורקין ...
Nach Jochanan kleine Becher (I, 276, 1), nach Rab קלידא (?).

[6]) Gen. r. c. 39 (13).

die Meinung der Gelehrten geknüpft, die letzteren wären 70
an Zahl gewesen (שבעים in I Sam. 2, 5)[1]).

Die Schule Schelas.

Ps. 80, 17[2]. — Hoh. 7, 14. Sowohl die Schule Schelas
als die Gelehrten illustrieren die Worte: „an unseren Pforten
allerlei Früchte, neue und alte“ mit je einem Gleichnisse[3]).

Geniba.

Den Gedanken, daß der Sabbath die Vollendung der
Schöpfung sei (Gen. 2, 2), veranschaulichen Geniba und die
Gelehrten mit je einem Gleichnisse[4]).

Huna.

Zu II Sam. 23, 11 und der Parallelstelle zu I Chron.
11, 13 halachisch ausgleichende Erklärungen von Huna und
von den Gelehrten, mit der Angabe, statt der Gelehrten
wurde Rabba b. Mari als Urheber der zweiten Meinung genannt[5].

Rammi b. Jechezkel.

Gen. 25, 2. Etymologische Deutungen der Namen זמרן
und יקשן, die der Gelehrten mit der Tendenz, die Träger
der Namen als Götzendiener erscheinen zu lassen[6]).

Joseph.

Gen. 6, 2. Dem vorsündflutlichen Menschen gewährte
Gott deshalb eine lange Lebensdauer ohne Beschwerden,
damit sie den vollen Anteil an irdischem Wohl für sich und
die kommenden Geschlechter empfangen und das Strafgericht

---

[1]) Megilla 15b.

[2]) S. oben S. 62, Anm. 2.

[3]) Schir r. z. St.: . . . דבית ר' שילא ורבנן. S. die Agada der babyl.
Am. S. 36, Anm. 16.

[4]) Gen. r. c. 10 (9): . . . גניבה ורבנן.

[5]) Baba Kamma 60b.

[6]) Gen. r. c. 61 (5): רמי בר יחזקאל אמר . . . ורבנן אמרי. In Sch. tob
zu Ps. 92 (13): רמי בר יחזקאל ורבנן חד אמר . . . וחד (ירחייא l. אמר).

in vollem Maße vollzogen werde[1]). — 8, 21. Das zwei-
fache לא אוסיף bezieht sich auf die Söhne Noachs und auf
die künftigen Geschlechter[2]).

P a p a.

Zu Jes. 3, 1 in der Deutung Dimis, wonach משענה die
Kenner der Mischna bedeutet; nach Papa gab es in jenen
alten Zeiten 600 Ordnungen der Mischna, nach den Gelehrten
700 Ordnungen[3]).

A c h a b. J a k o b[4]).

Zu Gen. 1, 6. Der Abstand zwischen den „oberen" und
den „unteren" Wassern[5]).

II.

Agadasätze der Gelehrten.

G e n e s i s.

1, 1. „Gott erschuf d e n Himmel und d i e Erde," d. i.
den Himmel und die Erde, wie sie im Schöpfungsplane
Gottes feststanden; anders wie ein menschlicher Baumeister tut,
der an seinem Bauplan ändert, wenn derselbe sich als nicht
ausführbar erweist[6]).

1, 1. Hinsichtlich der Schöpfung ging der Himmel
voran, hinsichtlich der Vollendung die Erde[7]).

---

[1]) Gen. r. 26 (5); III, 298, 7.

[2]) Gen. r. c. 26 (6); 34 (10); III, 300, 3.

[3]) Chagiga 14a: ‏. . . אמר הדר . . . אמר הא יוחנן בבא רב בר חנה פרק.

[4]) S. die Agada der babylonischen Amoräer, S. 137—139, besonders S. 139, Anm. 14.

[5]) Chagiga 15a.

[6]) Gen. r. c. 1 (13): ‏רבנן יוחנן. Der Vergleich des Weltschöpfers
mit dem Baumeister, wie bei Philo und Hoschaja (I, 107, 2),

[7]) Jer. Chagiga 77d, 5; Gen. r. c. 1 (15); Lev. r. c. 36 (1):
‏ר׳ יוחנן בשם החכמים. In Gen. r. folgt dann die Begründung der These
durch Tanchuma (b. Abba) mit Gen. 1, 1 und 2, 4 (wo כלות vollenden
bedeutet). In Jer. ist die Autorangabe von der Begründung weggefallen;
in Lev. r. ebenso. In Tanch. B. בראשית ist Tanchuma b. Abba als
Autor der These selbst genannt.

8, 21. Mit welchem Eide bekräftigte Gott seine Verheißung an Noach? Er schwur bei dem dereinstigen Bunde mit Abraham, der Nech. 9, 8 als d e r Bund bezeichnet wird. Von dem Schwure an Noach ist Jes. 54, 9 die Rede[1]).

9, 20. An demselben Tage, an dem Noach den Weinstock pflanzte, brachte dieser Früchte hervor, hielt Noach die Lese, kelterte, trank, berauschte sich und wurde seine Schande offenbar[2]).

9, 25. Warum Cham von Noach verflucht wurde[3]).

11, 1 Jemand hatte einen Weinkeller. Er öffnete das erste Faß und fand den Wein zu Essig geworden, ebenso das zweite und dritte; da sagt er: Es ist klar, daß das Ganze verdorben ist[4]).

12, 17. Die Plage des Aussatzes traf Pharao, sowie er versuchte, sich Sara zu nähern; und mit ihm seine Großen und seine Diener, ja selbst sein Haus[5]).

14, 14. „Bis Dan." Abrahams siegreiche Verfolgung

---

[1]) Tanch. B. נח 17: רבותינו אומרים.

[2]) Tanch. z. St. (12 b unt.): אמרי חכמים בי ביום נטע . . . Dann folgt unter אמרי רבותינו ז"ל eingeleitet, die Legende von dem Anteil Satans an der Pflanzung des Weinstockes.

[3]) Tanch. B. נח 21: Tanch. z. St. (13 b): אמרי רבותינו; nach der Kontroverse Jehudas und Nechemjas zu diesem Verse. In Gen. r. c. 35 (7) ist B e r e c h j a als Autor genannt; III, 364, 6.

[4]) Gen. r. c. 38 (5): רבנן א'. Die Pointe des Gleichnisses הא משפי דבולה בישא soll die Deutung der Textworte וישפה אחת sein. Doch weder ist der Sinn der Worte משפי (Var. מישפי, מישאפי), noch die Anwendung des Gleichnisses auf die Textworte deutlich erkennbar. Jedenfalls soll gesagt werden, daß auch die nachsündflutliche Menschheit sich als gleichmäßig verderbt zu erkennen gab. In Echa r. Prooemien N. 12 ist dasselbe Gleichnis zur Deutung der Worte in Prov. 25, 20 חמץ על נתר: angewendet mit dem Schlusse הא מסתיא דבולא בישא mit der Autorangabe א"ר יהושע (Josua b. Levi?). Das Gleichnis scheint ursprünglich für die Worte in Prov. geprägt zu sein, die durch dasselbe so gedeutet werden sollen. „Der Essig" in den geöffneten Gefäßen ist Zeuge „für das Übrige" (נִתָר = נתר:).

[5]) Tanch. B. לך לך 8: אמרו רבותינו. Ausführlicher, aber ohne Einführungsworte in Tanch. z. St. (16 b). Der Beginn des Ausspruches בא לשלוף מנעלה geht zurück auf Berechjas Paraphrase zu על דבר שרי in Gen. r. c. 41 (2): „weil er es wagte, sich dem Schuhe der Herrin zu nähern".

der Könige wurde in der dereinstigen Stätte des Götzendienstes (I Kön. 12, 24) gehemmt[1]).

15, 5. Indem Gott Abraham auf die Sterne blicken ließ, sagte er ihm: Du bist ein Phrophet, kein Astrologe[2]).

15, 19. Die hier genannten drei Völkerschaften sind Edom, Moab und Ammon, deren Gebiete aber erst in den Tagen des Messias zum Lande Israels gehören werden[3]).

18, 8. Wenn auch nicht erwähnt ist, daß Abraham seinen Gästen auch das ihnen versprochene Brot (V. 5) vorsetzte, so ist als sicher anzunehmen, daß er es tat; denn da er ihnen auch solche Dinge vorsetzte, die er nicht versprochen hatte, wie erst das Versprochene[4]).

18, 10. Sara hatte bereits die Hoffnung aufgegeben, noch einmal Kindersegens teilhaft zu werden. Gott ließ sie erkennen, daß sie noch hoffen dürfe[5]).

18, 17. Gott spricht: Längst habe ich Abraham den Vater der Völker genannt (Gen. 17, 5); richte man den Sohn, ohne den Vater zu verständigen[6])?

---

[1]) Tanch. B. לך לך 17: אמר לירבעם; Tanch. z. St. (19a): שין לירבעם. Zu Grunde liegt der anonyme Ausspruch z. St. in Gen. r. c. 43 (2): עמדה דין מבה מלבית מלאכיה, der in anderer Form im babyl. Talmud (Sanh. 96a) Jochanan zum Autor hat (I, 297, 6). In Tanch. ist die oben zitierte These durch die Erwähnung der Wirkung des Erlaßjahrgebotes nach rückwärts und nach vorne erweitert: שני דורים מכם לבניה ולאחריהם אלי הן עבודה זרה וישראל] . . .

[2]) Gen. r. c. 44 (12). Vorher Erklärungen von Levi (II, 362, 5) und Jochanan (I, 264, 2). Was hier die Gelehrten sagen, entspricht der Meinung Rabs in Nedarim 52a (Ag. d. bab. Am. S. 13).

[3]) Gen. r. c. 44 Ende: רבנן אמרי. Der jer. Talmud (Schebiith 36b unt., Kidduschin 61d oben) רבי אמר, also Jehuda I; die Bar. des bab. Talmud (B. Bathra 56a): ר׳ יהודה, also Jehuda b. Ilai.

[4]) Gen. r. c. 48 (14): רבנן אמרי. Gegen die Annahme Meïrs, daß Sara an der Zubereitung des Brotes verhindert war (T. II, 24, 1). In Tanch. z. St. (22b) findet sich ein Ausspruch ähnlichen Inhaltes in anderer Form: מכאן שני ובמר צדיקים אומרים מעט ועושים הרבה.

[5]) Tanch. zu Gen. 21, 1 (26a): רבנן אמרי. Fortgesetzt mit einem Ausspruche von Jehuda b. Schalom (III, 438, 6), der gleichen Inhalt hat, wie der in der vorigen Anmerkung erwähnte Ausspruch Meïrs.

[6]) Gen. r. c. 49 (2): רבנן אמרי. Am Schlusse einer Reihe von Aussprüchen (Josua b. Levi, Sam. b. Nachman, Jehuda b. Simon, Judan).

20, 4. Heil ihm, daß von ihm geschrieben steht: „Abimelech war ihr nicht genaht[1])!“

22, 2. מוריה hängt zusammen mit מר (Hoh. 4, 6); es ist der Ort, an dem dereinst die Weihrauchopfer dargebracht werden sollen[2]).

24, 66. „Der Knecht erzählte Isaak alle Dinge, die er getan hatte,“ besonders was er zu seinem eigenen Ruhme zu berichten hatte, wie ihm auf wunderbare Weise der Weg gekürzt wurde[3]).

28, 10. Er kam an demselben Tage nach Charan[4]).

28, 11. כי בא bedeutet soviel wie כבה „er hatte ausgelöscht.“ Gott hatte die Sonne untergehen lassen, bevor die Zeit dazu da war, um mit Jakob im Geheimen zu sprechen. So läßt der König, wenn ihn sein Freund, der zeitweise zu kommen pflegt, besucht, die Lampen und Fackeln

---

[1]) Tanch. B. וירא 15: אמרו רבותינו. Was dann folgt, ist eine Erweiterung der anonymen Agada in Gen. r. c. 52 (8).

[2]) Gen. r. c. 55, 7: רבנן אמרי. Am Schlusse einer Reihe anderer Deutungen des Namens.

[3]) Gen. r. c. 60 (15): ורבנן אמרי דבר שבח נלה לו מה שקפצה הארץ לפני, nach dem Ausspruche Eleazar b. Pedaths (II, 37, 2). Das Wunder, dessen sich Eliezer in seinem Berichte rühmte (s. auch die Erkl. zu Gen. 24, 26; Gen. r. c. 60, 6: שקפצה הדרך לפני) ist in der anonymen Baraitha (תנו רבנן) Sanh. 95 a als bekannt vorausgesetzt: כי קפצה להם הארץ אליעזר עבד אברהם ... Als Belegstelle ist in der Baraitha angeführt Gen. 24, 42 (ich kam heute zur Quelle). In Gen. r. c. 59 (11) wird die betreffende Deutung dieser Stelle (היום יצאתי והיום באתי), sowie zu Gen. 24, 10 ויקם וילך בן יומו im Namen des R. Jizchak gebracht (in II, 242 nachzutragen). Vielleicht gehört noch zum Ausspruche Jizchaks daselbst die dann folgende Agada über Ps. 60, 4, deren Inhalt sich zum Teile mit jener Baraitha deckte. In kürzerer Form findet sich diese Agada anonym in Tanchuma zu Gen. 28, 10 (35b).

[4]) Gen. r. c. 68 (8): רבנן אמרי בן יומו, also mit demselben Wunder erklärt, wie Jizchak Gen. 24, 10 erklärt (s. vor. Anm.). Dann folgt die rationelle Erklärung Jizchaks (II, 233, 4). Es ist möglich, daß diese ursprünglich den Gelehrten und jene Jizchak zugeschrieben war. Im Midrasch Hagadol z. St. (Col. 444) ist vor der aus Gen. r. gewonnenen rationellen Erklärung Jizchaks die Wunderannahme als Ausspruch Zeiras gebracht: היה הקב״ה מקפץ הארץ לפניו mit Hinweis auf II Sam. 22, 37 (Ps. 18, 37).

auslöschen, weil er mit seinem Freunde im Geheimen sprechen will[1]).

30, 1. „Wenn nicht, so sterbe ich." Daraus ist zu entnehmen, daß wer keine Kinder hat, den Toten gleich geachtet wird. Das ist auch in den Worten Channas, I Sam. 2, 6 gesagt: er tötet und belebt[2]).

30, 21. Lea gebar eine Tochter, nachdem auf ihre Fürbitte Gott den ihr bestimmt gewesenen männlichen Kindersegen ihrer Schwester Rachel zuwendete[3]).

32, 4. Die „Boten" waren wirkliche Engel[4]).

32, 8. Jakob war aus Furcht weiß wie Wachs geworden[5]) . Der heilige Geist rief die Worte in Prov. 24, 10 aus. Da sprach Gott zu ihm (Jesaja 41, 10): Mein Knecht Jakob, fürchte nichts, denn ich bin mit dir[6])!

37, 1. „Dies sind die Nachkommen Jakobs: Joseph." Nachkommen wurden Jakob nur um der Verdienste Josephs

---

[1]) Gen. r. c. 68 (10): רבנן אמרי. In Koh. r. zu 3, 14 ist die Deutung von כי בא anonym gebracht (דאי כבה האי). Dann folgt die Ausführung nebst dem Gleichnis mit der Überschrift רבנן אמרין. Der Gedanke, daß die Sonne um Jakobs willen früher unterging, findet sich in dem Ausspruche Jizchaks, Chullin 91 b (II, 235, 6).

[2]) Tanch. B. ויצא 19: אמרי רבותינו. Es ist der Ausspruch Josua b. Levis (ohne den Samuelvers), Nedarim 64 b (I, 136). In Gen. r. c. 71 (6) ist als Ausspruch R. Samuels (wohl b. Nachman) gebracht der Satz von den Vieren, die dem Todten gleichgeachtet sind. In b. Nedarim 64 b findet sich der Satz als Baraitha (angeführt in Ab. zara 5 a).

[3]) Tanch. B. ויצא 19: אמרי רבותינו. Es ist der von Jehuda b. Pazzi tradierte Ausspruch der Schule Jannais (j. Berach. 14 a unt., in Gen. r. c. 72 Ende, J. b. P. selbst), in dem aber nicht Leas, sondern Rachels Gebet die Wandlung bewirkt.

[4]) Gen. r. c. 75 (4): רבנן אמרי מלאכים ממש. Vorher geht die anonyme Erklärung: אלי שליחי בשר ודם. Die Erklärung der Gelehrten wird durch Chama b. Chanina begründet (I, 459, 3).

) נעשה וגו כשעוה: mit Hinblick auf den Ausdruck אל תחת in dem anzuführenden Jesajaverse. In Gen. r. c. 44 (3) wird diese Deutung durch Hoschaja auf Jakobs Situation in Gen. 27, 21 angewendet (anonym ib. c. 65, 14) I, 104, 1.

) Tanch. B. וישלח 6: אמרי רבותינו.

willen gegeben; denn nur um Rachels, der Mutter Josephs willen, trat Jakob in den Dienst Labans[1]).

37, 17. Deutung des Wortes רתינה[2]).

38, 1. Juda, der in seinem Vaterhause der Größte war, nahm eine Kanaaniterin zur Frau, die Tochter des Mannes aus Adullam. Darauf bezieht sich der Ausruf des Propheten (Micha 1, 15): Bis Adullam kommt die Herrlichkeit Israels[3]!

38, 29. Der Ausruf עליך פרץ nach Micha 2, 14 gedeutet[4]).

44, 18. Als Juda voll Grimmes war, standen ihm am Leibe die Haare empor und drangen durch die Gewänder[5]).

49, 2. Jakob hatte die Absicht, die messianische Endzeit zu offenbaren; aber sie verhüllte sich ihm[6]).

49, 4. Du hast leichtfertig „wie Wasser" gesündigt; der aus dem Wasser Herausgezogene (Exod. 2, 10) wird kommen und dich erlösen (Deut. 33, 6)[7]). Ebenso liegt in עלה ein Hinweis auf Moses (Exod. 19, 3)[8]).

---

[1]) Gen. r. c. 84 (5): בך אמרו חכמים. Auch die dann folgenden Sätze mit Nachweisen der Wirkung Josephs auf das Geschick der Nachkommen Jakobs gehören wahrscheinlich zum Ausspruche der „Weisen". Den Schluß macht ein Ausspruch von Judan b. Simeon (Zeitgenosse Jochanans), s. III, 607, 1.

[2]) Tanch. B. וישב 13: מה׳ דתינה אמרו רביתינ׳ שהיה המלאך משמר. דת יה. In dem Textworte ist die Bezeichnung des Gottesgesetzes דָּת יָה enthalten. Es ist aber nicht klar, wieso in den Worten des Mannes (Engel) jener Sinn zu finden ist.

[3]) Tanch. B. וישב 10: אמרו רביתינ׳. Als Schlußsatz eines anonymen Prooemium mit dem Michavers als Text.

[4]) Gen. r. c. 85 (14): רבי בשם רבנ אמר׳ (?). Auch die vorherstehende anonyme Deutung zieht den Michavers heran.

[5]) Tanch. B. וינש 8: אמרו רבותינו. Dazu noch die Meinung anderer (יש אומרים): er nahm Eisenstücke in den Mund und zermalmte sie. In Gen. r. c. 93 (6) sind beide hyperbolischen Angaben zusammen Chanin zugeschrieben (III, 91, 4), in Tanch. z. St. (51 a) Judan.

[6]) Gen. r. c. 98 (2): רבנן אמרי. In Pesachim 56a beginnt mit diesem Satze die Agada Simon b. Pazzis (Ausgaben: S. b. Lakisch), II, 452, 1.

[7]) Gen. r. c. 98 (4): רבנן אמרי.

[8]) Ib. רבנן אמרי.

Exodus.

1, 7. Mit וישרצו ist die außerordentliche Fruchtbarkeit der israelitischen Frauen in Ägypten angezeigt[1].

1, 8. Prooemium mit Hosea 5, 7 als Text[2].

2, 2. טוב bedeutet das Licht (Gen. 1, 4). Als Moses geboren wurde, füllte sich das ganze Haus mit Licht[3].

2, 4. Der ganze Vers ist in Bezug auf den Mirjam erfüllenden heiligen Geist gesagt worden[4].

2, 5. Die Tochter Pharaos war aussätzig, deshalb war sie gegangen, um im Nil zu baden. Als sie das Kästchen, in dem das Kind Moses lag, berührte, wurde sie geheilt, deshalb faßte sie ganz besondere Liebe zu dem Kinde[5].

2, 17. Der Ausdruck ויושיען läßt — mit Hinblick auf Ps 69, 2 — schließen, daß die Töchter Jethros von den Hirten ins Wasser geworfen und durch Moses gerettet wurden[6].

2, 25. „Gott sah" die Bußfertigkeit der Kinder Israels[7].

3, 12. אנכי ist das Zeichen der ersten Erlösung (Gen.

[1] Tanch. z. St. (130a): רבותינו אומרים יש מהם [ואימרים] ילדת שנים בבה אחת. Dann drei jedesmal mit יש אימרים eingeleitete, steigende Zahlenangabe: 6, 12, 600.000. Die vier Zahlen werden dann exegetisch begründet (. . . מי שאמר . . . דריש). In Tanch. B. שמעין 6 hat Jochanan die Zahl 6; dieselbe findet sich schon beim Tannaiten Nehorai in seiner Agada über die außerordentliche Vermehrung Israels in Ägypten (Mech. zu Exod. 13, 18 und zu 12, 26; T. II, 379, 3). In Pesikta 85b unt.: חרין אמיראין חד אמר . . . יהד אמר . . . eingeleitet, die beiden Zahlen 6 und 60.

[2] Exod. r. c. 1 (8): רבנן פתחו פתחא להאי קרא. Ohne diese Überschrift anonym in beiden Tanchuma's z. St. (אמר הבביא).

[3] Exod. r. c. 1 (20): רבנן אמרי. In b. Sota 12a (Baraitha): הבמים אומרים. Vorher die Meinungen von Jehuda und Nechemja (T. II, 252, 1) und „Andere".

[4] Exod. r. (22). Es ist das der in j. Sota 17b, b. Sota 11a stehende Ausspruch Jochanans (Var. Jizchaks) I, 300, 4.

[5] Exod. r. c. 1 (23): רבנן אמרין.

[6] Exod. r. c. 1 (32): ורבנן אמרין.

[7] Exod. r. c. 1 (36). Von Jehuda b. Lakisch, Mech. zu Exod. 19, 2 (II, 495, 5).

46, 4) und ist ebenso das Zeichen der letzten Erlösung (Maleachi 3, 23)[1].

4, 6 f. Um Moses Leib nicht in den üblen Ruf des Aussatzes zu bringen, wurde seine Hand erst dann aussätzig, als er sie aus seinem Busen herauszog; aber geheilt wurde sie, als er sie in den Busen zurückbrachte[2].

4, 10. „Sowohl von gestern, als von vorgestern her . . .“ Sieben Tage vor der Erscheinung am Dornbusche hatte Gott begonnen, Moses zur Übernahme seiner Sendung zu überreden[3].

4, 14. „Dein Bruder der Levite.“ Du wärest dazu ersehen, Priester zu sein und er zum Leviten bestimmt, aber weil du dich meinen Worten widersetzt hast, wirst du Levite sein und er Priester[4].

4, 28. Moses gab Aharon den großen Gottesnamen kund[5].

5, 22. Der Ausdruck נצבים deutet an — nach Num. 16, 28 —, daß sich unter den Aufsehern Israels auch Dathan und Abiram befanden[6].

8, 14. Die Ohnmacht der ägyptischen Zauberer[7].

9, 33. „Und Regen ergoß sich nicht zur Erde.“ Er blieb für die Zeit Gogs und Magogs (Ezech. 38, 22) vorbehalten[8].

15, 25. Das Holz war das des Oleanders ($\dot{\rho}o\delta o\delta\acute{\alpha}\varphi\nu\eta$)[9].

---

[1] Exod. r. c. 3 (4): אמרו רבותינו ז"ל.

[2] Exod. r. c. 3 (13): אמרו רבותינו שלא להוציא לעז על בשרי של משה. Man denke an die Verleumdungen Manethos.

[3] Exod. r. c. 3 (14): אמרו חכמים. Aus Seder Olam c. 5 Anf. In Lev. r. c. 11. Samuel b. Nachman (II, 514, 4, wo auch die anderen Parallelstellen angeführt sind).

[4] Exod. r. c. 3 (17): אמרו רבותינו ו"ל. Zu Grunde liegt der Ausspruch S. b. Jochais Zebach. 102 a (T. II, 117, 3).

[5] Midr. Sam. c. 15 (1); Schir r. zu 4, 5: רבנן אמרי נילה לו שם המפירש.

[6] Exod. r. c. 5 (20); אמרו רבותינו ז"ל.

[7] Exod. r. c. 10 (7): ורבנן אמרי. Es ist wörtlich der aramäische Ausspruch Papas in Sanh. 17 b zu dem Eleazar b. Pedaths (II, 86, 3).

[8] Tanch. B. וארא Ende.

[9] Tanch. B. בשלח 18: יהכמים אומרים. In Mech. z. St. Jousa b. Karcha (T. II, 316, 6).

17, 13. ויהלטו bedeutet Lose werfen, nach dem Mischnaausdrucke (Sabbath 23, 2) מטילין הלשים[1]).

32, 1. Die Erzählung vom goldenen Kalbe legendenhaft erweitert[2]).

32, 7. Der Ausdruck רד deutet an, daß in jenem Augenblicke vom himmlischen Gerichtshofe der Bann über Moses verhängt wurde: wie ירד in Gen. 38, 1 darauf hinweist, daß Jehuda als der Urheber des Verkaufes Josephs von seinen Brüdern mit dem Banne belegt wurde[3]).

32, 11. יהל gehört zu חלּין. Moses sprach zu Gott: Es wäre unheilig, deiner unwürdig, Israel zu vernichten[4]).

34, 8. Von den Eigenschaften Gottes war es die der Wahrheit, welche Moses zur Anbetung drängte; „er sah sie und warf sich nieder[5])."

34, 27. Es heißt weder האלה הדברים למען, noch בעביר ה' ה', noch בגלל ה' ה', sondern על פי ה' ה', zur Andeutung der mündlichen Lehre, die Gott dem Moses offenbarte[6]).

Leviticus.

14, 34. „Das Land Kanaans," obwohl es das Land von sieben Völkerschaften war. Der Name enthält eine Andeutung: sowie Cham sich an seinem Vater versündigte und Kanaan dafür büßte (Gen. 9, 24 f.), so wird für Israels Sünde das Land vom Fluche ereilt[7]).

---

[1]) Pesikta 22a. In b. Sabbath 149b wird als Beleg zur Bedeutung des Mischnaausdruckes Jes. 14, 12 angeführt.

[2]) Tanch. B. תשא ב' 13: ... את העילה אמר בא שמן יעירבב רבּי: ; Exod. r. c. 41 (7): רבּן אמרי השמן מצא את ''''. Zu Grunde liegt Josua b. Levis Agada. Sabbath 89a (I, 161, 3).

[3]) Tanch. z. St. (116b): רבּן אמרי.

[4]) Berach. 32a: רבּין א'. Vorher Erklärungen von Rab, Samuel, Eleazar.

[5]) Sanh. 111a: רבּנאמרי. Vorher die Meinung des Tannaiten Chanina b. Gamliel (T. I², 439, 2), es sei die Eigenschaft der Langmütigkeit. In Sch. tob zu Ps. 93 Ende heißt es nach den Meinungen Anderer (s. darüber T. II, 287, 7): רבּן אמרי על מדה הדמים.

[6]) Tanch. חֹ: Anf. (8a:) רבּזר אמרי. Die Deutung stammt von Jochanan (I, 261, 2).

[7]) Lev. r. c. 17 (5): רבּן אמרי. Darauf folgen noch zwei andere Erklärungen, die El. b. Jakobs und der Gelehrten.

Numeri.

3, 41. Gleichnis zur Veranschaulichung dessen, daß die Erstgeborenen ihre Würde als Darbringer der Opfer an die Leviten verloren[1]).

3, 46. Beantwortung der Frage, wieso es mehr Erstgeborene als Leviten gab[2]).

4, 16. Beantwortung der Frage, auf welche Weise Eleazar die ihm anvertrauten Gegenstände des Heiligtums selbst tragen konnte[3]).

5, 2. Allegorische Deutung auf das Exil Israels infolge seiner Sünden[4]).

5, 12. Allegorische Deutung auf die Begebenheit vom goldenen Kalbe[5]).

Ib. Der Ausdruck תשטה enthält den Hinweis darauf, daß Ehebrecher nur dann sündigen, wenn der Geist der Narrheit (ישטית) in sie eingezogen ist[6]).

7, 1. „Am Tage, da Moses vollendete." Moses allein hatte ohne Beihilfe das Heiligtum aufgerichtet[7]).

7, 12 ff. Obwohl die Stammfürsten alle die gleichen Opfer darbrachten, taten sie es ein Jeder nach einem besonderen leitenden Gedanken und für die den Einzelnen zukommenden großen Dinge[8]).

---

[1]) Num. r. c. 4 (8): אמרי רבותינו, im Anschlusse an den Ausspruch Jehuda b. Schaloms (III, 440, 4) und wohl von diesem angeführt.

[2]) Num. r. c. 4 (9): אמרו רבותינו. Zum Schlusse die Frage des Römers an Jochanan b. Zakkai (T. I², 36, 3).

[3]) Num. r. c. 4 Ende: יהיאך היה טעין כל אלו אמרו רבותינו ⋯. Dazu eine Ergänzung: Acha im Namen Simon b. Jochais (T. II, 120, 5). In j. Sabbath 12a, 28 als anonyme Baraitha; die Ergänzung: Abin im Namen von Eleazar b. Pedath (II, 40, 10).

[4]) Num. r. c. 7 (10): רבנן פתרין קרייא בגלות.

[5]) Num. r. c. 9 (44): רבנן פתרין קרייא במעשה העגל.

[6]) Tanch. נשא (B. 8): שנו רבותינו אין המנאפים מנאפין עד שתחבם. In Num. r. c. 9 (6 Ende) anonym: בהן כתיב בשין תשטה רוח של שטות. לומר שאינה מזנה ע״י שיביא בה השטות. Der Satz geht zurück auf Simon b. Lakisch. Sota 3 a (I, 354, 5).

[7]) Num. r. c. 12 (9): אמרו חבמים. In Tanch. כי תשא Ende (121 a): אמרו רבותינו ז״ל.

[8]) Num. r. c. 13 (14): מה ראי הנשיאים להקריב קרבנית בענין הזה

11, 20. Eine Erklärung des Wortes לולא[1]).

16, 1. Agadische Ausschmückung der Auflehnung Korachs[2]).

Deuteronomium.

1, 10. Gott sprach zu Moses: Nachdem die Israeliten deine Mahnreden angenommen haben, mußt du sie segnen. Wer Mahnung annimmt, verdient Segen, nach Prov. 24, 25[3]).

1, 13. Komm' und sieh'! Als Moses über Israel gesetzt wurde, sagte er: Ich kann allein eure Last nicht ertragen, setzet euch Richter ein, die euch richten mögen[4]).

1, 28. Dem Ausdrucke הבטי entnahm man den Mischnaausdruck מבטיש (Maaseroth I, 2)[5]).

4, 7. Da die Heidengötter nichts Wirkliches sind, warum werden sie אלהים genannt[6])?

4, 25. Gepriesen sei der Name Gottes, der mit seinem Wissen Vergangenes und Zukünftiges umfaßt (Jes. 46, 10). In diesem Abschnitte läßt Moses Israel seine künftige Geschichte sehen[7]).

4, 42. Ein Gleichnis über die Verbannung in die Zu-

רבנן אמרין אף על פי שקרבן שוה שקרבו הקריבו כלם על דברים רבים ויחידים הקריבי יבל אחד יאחר הקריבי לפי דעתה. Der Satz dient als Einleitung zu den dann folgenden Ausführungen über die einzelnen Stämme.

[1]) Num. r. c. 7 (4): Samuel b. Nachman im Namen der babylonischen Lehrer (רבנין שבבבל), s. I, 482, 3.

[2]) Num. r. c. 18 (3): . . . אמרי החכמים חכם גדול היה קרח. Ebenso Tanch. קרח (B. 5).

[3]) Deut. r. c. 1 (9): הלכה אדם. So lautet die Überschrift in allen folgenden Sätzen von Deut. r.; weshalb das in den Anmerkungen nicht besonders hervorgehoben wird.

[4]) Deut. r. c. 1 (10). Dann folgt ein von Berechja tradierter Ausspruch Chaninas (fehlt I, 28), über die sieben Eigenschaften, die nach Deut. 1, 13 und Exod. 18, 21 der Richter in sich vereinigen muß.

[5]) Tanch. שלח (B. Addit. 19). Num. r. c. 17 (3): אמרי רבותינו אמרי מבאן . . . שיעי הדמיים ששני רבותי. Vgl. j. Maaseroth 48 d, 58 die Aussprüche von Josua b. Levi und Jona (I, 128, 9; III, 186, 1).

[6]) Deut. r. c. 2 (18). Die Antwort wird nach einem Ausspruche von Pinchas b. Chama gegeben (III, 320, 6).

[7]) Deut. r. c. 2 (22).

fluchtsstädte als Strafe für unwissentliche Tötung eines Menschen[1]).

5, 4. Gott spricht zu Israel: Meine Kinder, alles was ich schuf, schuf ich in Paaren: Himmel und Erde; Sonne und Mond; Adam und Eva; diese Welt und die kommende Welt. Aber meine Herrlichkeit ist nur eine und ewig in der Welt[2])!

Ib. Als Moses zur Höhe stieg, hörte er, wie die Dienstesengel Gott mit den Worten priesen: Gepriesen sei der Name der Herrlichkeit seines Reiches immer und ewig! Diese Eulogie brachte er für Israel herunter[3]).

9, 1. Komm' und sieh'! Alle Wunder, die Gott für Israel übte, geschahen am Wasser[4]).

Ib. Warum ist hier die Rede mit den Worten „Höre Israel" eingeleitet? Die Antwort gibt ein Gleichnis von einer Königin, die von zwei Perlen, vermittels derer sie der König sich angetraut hatte, die eine verlor und vom König gemahnt wird, die andere Perle wohl zu bewahren. Solche zwei Perlen waren für den Bund, den Gott mit Israel schloß, das Wort: „Wir wollen tun und hören" (Exod. 24, 7) und das Wort: „Höre Israel" (Deut. 5, 4). Das erstere hatte Israel verloren, als es beim goldenen Kalbe sich versündigte; darum wird es an das zweite „Höre Israel" nachdrücklich gemahnt[5]).

9, 12. „Sie wichen schnell ab vom Wege, den ich ihnen geboten habe." Diesem Worte entnahm Moses voll Eifer das Argument zu Israels Verteidigung. Nicht ihnen hast du geboten, so sprach er zu Gott, sondern mir! Am Sinai sprachst du nicht: Ich bin euer Gott, ihr sollt keine

---

[1]) Deut. r. c. 2 (30). S. unten S. 78, Anm. 5.

[2]) Deut. r. c. 2 (31).

[3]) Deut. r. c. 2 (36). Darauf die Frage, warum die Eulogie nicht — nach dem Einheitsbekenntnis — öffentlich (laut) gesprochen wird, und die Antwort Assi's mit einem Gleichnisse (fehlt II, 168).

[4]) Deut. r. c. 3 (8). Die Ausführung mit ביצד eingeleitet, nennt die Wunder in Ägypten am Nil; die am Schilfmeere; bei Mara; beim Felsen, aus dem Wasser floß; dann als Pointe die der Übeschreitung des Jordan.

[5]) Deut. r. c. 3 (10): מה ראה לימר כאן שמע ישראל.

andern Götter haben neben mir, sondern: Ich bin dein Gott, du sollst keine andern Götter haben[1]).

10, 1. Warum zwei Tafeln? Gott sprach zu Moses: Diese beiden sollen Zeugen sein zwischen mir und meinen Kindern! Entsprechend den zwei Zeugen im Gerichtsverfahren, den zwei Hochzeitsgefährten, Bräutigam und Braut, Himmel und Erde, dieser und der kommenden Welt[2]).

11, 26. Gott spricht: Nicht zu ihrem Unheile habe ich ihnen Segnungen und Verfluchungen gegeben, sondern damit sie erkennen, welches der gute Weg ist und ihn wählen[3]).

12, 20. Viele Dinge wurden Israel von Gott verboten und an einer anderen Stelle wieder erlaubt. So wird das Verbot in Lev. 17, 3 f. durch die Erlaubnis in Deut. 12, 18, 20 aufgehoben[4]).

Ib. Die „Erweiterung des Gebietes“ bezieht sich auf die dereinstige Erweiterung Jerusalems. Wer vermag das Glück Jerusalems zu sehen, wenn Gott einst Jerusalem erweitern wird[5])!

16, 18. „Richter und Beamte.“ Die das Urteil fällen und die es vollziehen sollen gleichmäßig dessen würdig sein[6]).

20, 19. Aus den Worten „denn dem Menschen gleich

---

[1]) Deut. r. c. 3 (11): מן דבר זה היה שוקק משה היאך לזבות ישראל. Das Verbum שוקק drückt das Bestreben des Anwaltes aus, ein Argument zur Verteidigung seines Klienten zu finden. Der Ausspruch wird ohne Anknüpfung an Deut. 9, 12, von Josua b. Levi im Namen Simon b. Jochai's gelehrt. Exod. r. c. 43 (5); Pes. r. c. 21 (106 a). S. T. II, 110, 7.

[2]) Deut. r. c. 3 (16).

[3]) Deut. r. c. 4 (1).

[4]) Deut. r. c. 4 (6), nach einem ähnlich von Bisna tradierten Aussprüche Achas der III, 670, 2 erwähnt ist und III, 115 nachgetragen werden muß.

[5]) Deut. r. c. 4 (11). Dann folgt ein Gleichnis Simon b. Nachmans, aber nur der Anfang desselben ist erhalten: בית דוד עתיד להרחיב בו. Die dreimalige Erweiterung Jerusalems ist ein Gemeinplatz der Agada, s. Pesikta 143 a (T. I², 194, 6); Ab. di R. N. c. 35 Ende (T. II, 327, 1); Gen. r. c. 5; Lev. r. c. 10 Ende (I, 32, 6).

[6]) Deut. r. c. 5 (5). Nach Sabbathai, Pes. r. c. 33 (149b), s. III, 618, 7.

ist der Baum des Feldes" brachten die Gelehrten einen Beweis für die These, daß auch die Bäume dem göttlichen Gerichte unterliegen[1].

22, 7. Warum ist das Verbum doppelt gesagt (שלח ותשלח)? Um dich zu lehren, daß du dieses Gebot, wenn sich dir die Gelegenheit dazu ein zweites Mal darbietet, es immer wieder ausübest[2].

Ib. Wenn du das Gebot, das Vogelnest frei zu lassen, erfüllt hast, wirst du das Glück haben, auch das Gebot der Freilassung des hebräischen Knechtes (Deut. 15, 12) erfüllen zu können[3].

24, 8 f. Aus diesen Versen ist zu erkennen, daß die Plage des Aussatzes als Strafe für böse Zungen verhängt wird; da Mirjam ob derselben Schuld (Num. 12, 1) aussätzig wurde[4].

24, 9. Ein Gleichnis über die Strafe Mirjams[5].

29, 1. Als Gott dem Moses die Thora gab, „rief er ihn" auf die Spitze des Berges (Ex. 17, 20); ebenso rief Moses, als er für Israel die Thora wiederholte, ganz Israel[6].

30, 11. Der Ausdruck המצוה bedeutet hier Wohltat. Wie wenn ein König, der seinem Freunde einen kostbaren Edelstein zum Aufbewahren gegeben hat, ihn bittet: behüte ihn wohl, denn wenn er verloren geht, kannst du ihn nicht

---

[1] Koh. r. zu 8, 9: ורבנן מייתי לה מן הדא, in Bezug auf die These des Chama b. Gorion (eines Schülers Rabs): אפילו אילני פרק עתידין ליתן דין וחשבון.

[2] Deut. r. c. 6 (7): . . . בל זמן שתארע לידך אתה צריך לקיים אותה. Anders Sifre z. St. (§ 228); M. Chullin XII, 3: . . . שילחה וחזרה.

[3] Deut. r. ib.

[4] Deut. r. c. 6 (8), im Anschlusse an die betreffende These Chaninas: אין הנגעים באים אלא על לישון הרע. S. I, 28, 3, wo unsere Stelle nachzutragen ist. Im Sifrê z. St. (§ 275) steht Beides, die These und die Begründung, anonym.

[5] Deut. r. c. 6 (12). Das Gleichnis ist ganz derselben Art, wie das zu 4, 42 (oben S. 76, Anm. 1). Zu Grunde liegt beiden Gleichnissen die römische Strafe der Verbannung in die Bergwerke (מטלון, metallum). Diese Strafe (מטלין של טרודין) ist noch erwähnt in dem anonymen Gleichnis zu Num. 5, 2 und Num. r. c. 7 (3).

[6] Deut. r. c. 7 (8).

bezahlen und auch ich habe keinen seinesgleichen; so übst
du, indem du ihn wohl behütest, an uns beiden eine Wohltat — so ermahnt Moses Israel: Wenn ihr die Thora behütet,
übt ihr an mir und an euch eine Wohltat, wie es heißt (Deut.
6, 25): „Zur Wohltat (צדקה) wird es sein für uns — für
mich und für euch — wenn wir bewahren usw."[1]).

31, 14. Schwer ist es für Gott, den Tod über die
Frommen zu verhängen, nach Ps. 116, 15. So sagt er zu
Moses nicht, siehe, du mußt sterben, sondern „siehe, deine
Tage nähern sich dem Sterben[2])."

Ib. Warum die Todesankündigung an Moses mit dem
Wörtchen הן beginnt[3]).

32, 20. In diesem Verse, nach anderer Tradition in
32, 15, fanden die Gelehrten den Gedanken ausgesprochen,
daß Wohlleben und Überfluß zur Sünde führt[4]).

Josua.

2, 1. Die beiden Kundschafter waren Pinchas und
Kaleb, die ihr Leben wagten und in ihrer Sendung Erfolg
hatten[5]).

24, 29. Josua wurde 110 Jahre alt, nicht 120, wie
Moses, dem ihn Gott gleichstellte (Jos. 1, 5). Diese Verkürzung seines Lebens gegenüber dem Moses' war die Folge
der Ängstlichkeit, mit der er die Kriege gegen die Könige
Kanaans in die Länge zog (Jos. 11, 18), um sein Leben zu
verlängern, während Moses den Krieg gegen Midian, obgleich
er nach Beendigung desselben aus dem Leben scheiden sollte
(Num. 31, 2), ohne Verzug und mit Eifer bewerkstelligte[6]).

---

[1]) Deut. r. c. 8 (5). Statt דבר קשה, womit der Ausspruch beginnt,
muß es wohl heißen דבר בקשה (im Gleichnisse heißt es בבקשה ממך).

[2]) Deut. r. c. 9 (1).

[3]) Deut. r. c. 9 (6). In Tanch. יאירן (B. 6) von Abahu (II,
132, 5).

[4]) Berach. 32 a: רבן אמר מהבא יאבל יהושע ירשן ובזה יאיר מהבא
ישבון ישרין ויבעם. Vorher die babylonischen Amoräer Schescheth und
Nachman.

[5]) Tanch. שלח 1: שני רביעי.

[6]) Num. r. c. 22 (6): אמר רביעי.

24, 30. Deutung des Namens הר שעיר[1]).

24, 31. Die „Ältesten" waren die Leviten[2]).

Richter.

4, 18. Die Gelehrten Palästinas erklären שמיכה mit
סודרא (sudarium, Tuch), die babylonischen Gelehrten mit
מישיכלא (Becken)[3]).

5, 14. מני bedeutet „von mir." Gott spricht: Von mir
ging es aus, daß Ephraim Amalek zuerst bekämpfen solle,
nämlich in dem von Moses auf Gottes Geheiß dem Josua
erteilten Auftrage, Exod. 17, 9[4]).

7, 13. Deutung des Wortes צליל[5]).

13, 6. Das Weib Manoachs hielt den ihr Erschienenen
für einen Propheten („Mann Gottes"), der wie ein Engel
Gottes aussah; es war aber ein Engel[6]).

Samuel.

I, 1. Die Prüfungszeit der Mutter Samuels dauerte
19 Jahre[7]).

---

[1]) Koh. r. zu 7, 1: רבנן אמרי. Es ist die Deutung Josua b. Levis
(I, 165, 2).

[2]) Num. r. c. 3 (7): ר׳ יהודה הלוי בשם רבותינו. Jehuda Halevi ist
J. b. Schalom. Dann folgt die von Chelbo und Berechja tradierte Ansicht
Abba Simmuka's (III, 536, 3).

[3]) Lev. r. c. 23 (10): רבנן דהבא אמרי . . . רבנן דרומן אמרי. Das
von den babylonischen Gelehrten zur Wiedergabe des Hapaxlegomenon
angewendete Wort ist in Babylonien üblich (Levy III, 277 f.) und hat
fast dieselben Konsonanten wie jenes. Targum hat גונבא (gunnacum, zottige
Decke), was nur noch im Targ. (II Kön. 8, 14 = המכבר) vorkommt.
Vulgata hat pallium, was einigermaßen dem סודרא der Palästinenser entspricht.

[4]) Pesikta r. c. 13 (54a): רבי איסיים. Diese Erklärung liegt
dem Targum z. St. zu Grunde.

[5]) Innerhalb der Deutung Josua b. Levi's zur Stelle (I, 175, 1):
רבנן אמרי על צליל עליהם היי הרי מן הצדיקים. So Lev. r. c. 28 (6) und
Pes. r. c. 18 (92b). In Pesikta 71a fehlt die Einführung רבנן אמרי. Diese
Bed. des Verbums צלל (etwa: klar werden, d. h. entbehren) ist bei Levy
s. v. nachzutragen.

[6]) Lev. r. c. 1 (1): רבותינו אמרי.

[7]) Pesikta rabba c. 43 (181a). Zur These, daß Gott die Frommen

2, 6. Deutung auf die durch Channas Gebet aus der Unterwelt gerettete Rotte Korachs[1]).

14, 34. בטן deutet mit dem Zahlenwerte der Buchstaben (14) auf die Länge des Messers hin (14 Fingerbreiten), mit dem die Schlachtung zu vollziehen sei[2]).

14, 35. Mit dem Worte „begann" wird betont, daß Saul unter den Königen als Erster einen Altar baute[3]).

17, 23. Deutung der Kethib-Lesung ממערות zur Verunglimpfung der Mutter Goliaths[4]).

II, 6, 13 verglichen mit I Chron. 15, 26. Die eine Stelle ist aus der andern zu schließen[5]).

12, 9. Die Worte „und ihn hast du getötet" zeigen an, daß noch andere fromme Männer als Urija mit diesem zugleich ums Leben kamen[6]).

21, 17. „Ihm half Abischai b. Zeruja." Selbst wenn

läutert, sie einer Prüfungszeit unterwirft, werden als Beispiele angeführt die lange auf Kindersegen harrenden Frauen der Bibel: Sara, Rebekka, Channa. In Bezug auf letztere wird gefragt: Wie lange dauerte die Zeit der Läuterung (עד אימתי צרה)? Die Antwort lautet: אמרי רבנן עד היום עשרה שנה. Dann folgt die auf I Sam. 1, 8 („besser als zehn Kinder") beruhende Berechnung der 19 Jahre.

[1]) Gen. r. c. 98 (2): רבנן אמרי. Nach j. Sanh. 28a, 4, 29c, 27 von Josua b. Levi im Namen Jose b. Chalafthas tradiert. S. I, 175, 2.

[2]) Lev. r. c. 25 (8); Schir r. zu 5 (15); Midr. Sam. c. 17 (2); Num r. c. 10 (1): רבנן אמרי.

[3]) Midr. Sam. c. 17 (2): רבנן אמרי. Dann folgt eine Erklärung Judans (III, 257, 1).

[4]) J. Jebamoth 5c unten: רבנן דקיסרין אמרין. Weiter ausgeführt mit Hineinbeziehung Orpa's (Ruth 1, 14) als Mutter Goliaths (= הרפה II Sam. 21, 20), durch den Agadisten Jizchak Midr. Sam. c. 20 (4); Ruth r. zu 1, 14. Die Deutung von ממערות tradiert Joseph als tannaitische Überlieferung (תני רב יוסף) Sota 42b.

[5]) Num. r. c. 4 (20): רבנן אמרי מקרא אית אנון להכבירו (eine sonst nicht vorkommende Formel). Vorher die Kontroverse zwischen Mani und Chananja (die in j. Sanhedrin 29a allein steht, III, 455, 6). Die Erklärung der Gelehrten entspricht der Papa b. Samuels im bab. Talmud. Sota 35b.

[6]) Midr. Samuel c. 25 (2). angeführt von Chanina dem Schulmeister (tradiert von Chanina b. Papa) III, 557, 2: רבנן אמרי . . . שהרבה צדיקים בראו מן הבטן. Offenbar eine tannaitische Agada.

er am Ende der Welt gewesen wäre, hätte ihn Gott im Nu hergebracht, um David aus der Not zu befreien[1]).

24, 16. Deutung der Worte רב auf den Tod Abischai b. Zerujas[2]).

Könige.

II, 2, 11. Elija und Elischa „gingen und redeten“. Der Gegenstand ihrer Unterredung war das Geheimnis des göttlichen Thronwagens, angedeutet mit den Worten „und siehe Wagen“[3]).

Jesaja.

6, 8. „Wen soll ich schicken und wer soll für uns gehen?“ So sprach Gott klagend vor sich hin (wenn man von Gott so sprechen darf). Wer wird fortan meine Sendung übernehmen, nach dem was Micha (I Kön. 22, 14) und was Zacharja (II Chr. 24, 21) widerfahren. Da begann Jesaja und antwortete: Ich bin bereit, schicke mich[4])!

8, 8. Das größte Heer, das das Land Israels überflutete, bildete den sechzig-ten Teil der gesamten assyrischen Heeresmassen; das ist angedeutet in dem Ausdrucke בישית כנפי: das מישה genannte Knöchelchen bildet den sechzigsten Teil des Hahnenflügels[5]).

27, 11[6]).

42, 8. „Ich bin der Ewige, das ist mein Name.“ So

---

[1]) Gen. r. c. 59 (11): רבנן אמרי. Vgl. die Agada in Sanh. 95 a und die darin gebrachte Baraitha von den Dreien, denen auf wunderbare Weise die Entfernung verkürzt wurde. S. oben.

[2]) Sch. tob zu Ps. 17 (4): רבנן אמרי. In Midr. Sam. c. 51 (4): שמרי. In Berach. 62 b ist Eleazar b. Pedath als Autor genannt (II, 59, 3).

[3]) J. Berach. 8 d, 40. Vorher die Meinungen von Achawa b. Zeïra (III, 657, 3); Jehuda b. Pazzi (III, 188, 4); Aibo (III, 71. 3).

[4]) Pesikta r. c. 33 (150 b): אמרי רבותינו היה הקב״ה כביכול צועק ימלל בפני עצמו. Anachronistisch ist als dritter Prophet, dem es übel erging, Jirmeja genannt: שלחתי את ירמיה וישליכוהו לביד.

[5]) Sch. tob zu Ps. 79 (1): אמרי רבותינו (anonym in Tanch. חרים 10). Das Wort מיטה kommt in dieser Bedeutung sonst nicht vor.

[6]) Midr. Sam. c. 5 (9). In Sanh. 92 a: Eleazar b. Pedath (II, 23, 4)..

wie ich — spricht Gott — Welten erschaffe und Welten zer-
störe, so erschafft und zerstört mein Name Welten[1]).

55, 3a. Wer sein Ohr der Thora zuneigt, schützt sich
vor „allen Übeln[2]).“

Jirmeja.

2, 24 (in Bezug auf Deut. 17, 14). Gott spricht zu
Israel: Ich dachte, daß ihr frei vom Königtum sein werdet,
dem Wildesel gleich, der in der Wüste aufwächst und Furcht
vor Menschen nicht kennt. Ihr aber habt es anders gewünscht
und das Königtum begehrt. פרא bedeutet — nach Dan. 7, 2 —
Königtum[3]).

Jechezkel.

16, 32. Mit den Worten „die Ehebrecherin unter ihrem
Manne“ wird die ärgste Art des Ehebruches gekennzeichnet:
wenn eine Frau, während sie ihrem Manne sich hingibt, einen
andern Mann, der ihr Wohlgefallen erregte, im Sinne hat[4]).

28, 13. Die hier genannten dreizehn Edelsteine bedeuten
ebensoviel Hochzeitsbaldachine, die für Adam und Eva im
Paradiese bereitet wurden[5]).

30, 21. Gott „zerbrach den Arm Pharaos,“ weil er sich
an Israel vergriff: denn wer sich an ihm anvertrauten Gute
vergreift, der verdient, daß sein Arm zerbrochen werde[6]).

---

[1]) Pes. r. c. 21 (104a): אומרים אומר הקב״ה . . . כך אומר שמי בורא
עולמים ומחריב עולמים אף שמי בורא עולמים. S. den Ausspruch
Abahus.

[2]) Deut. r. c. 10 (1): דבר אחר.

[3]) Deut. r. c. 5 (8): דבר אחר.

[4]) Tanch. שמות 13, Num. r. c. 9 (34): אבנים טובות.

[5]) Tanch. B. בראשית 2: אבנים טובות. In Pesikta 37a hat des
Levi im Namen Chama b. Chaninas. Dort wird die Zahl 13 so begründet,
daß die drei Wörter אבן יקרה מכסתך ebenfalls je eine Edelsteinart bedeuten. S. übrigens oben unter Simon b. Lakisch, S. 39, Anm. 3; I, 379, 6;
469, 1. — In der Baraitha von den zweiunddreißig Regeln (N. 17) ist
diese Auffassung von Ezech 28, 13 als bekannt vorausgesetzt.

[6]) Pes. r. c. 19 (94a): אבנים טובות.

Joel.

1, 1. Der Vater Joels hieß Pethuel, weil er schön tat und sein Haar kräuselte wie eine Jungfrau[1]).

Zacharja.

10, 8. פדיתים statt אפדם beweist, daß Gottes Verheißung als Wirklichkeit zu gelten hat[2]).

Maleachi.

3, 8 enthält ebenso wie 1, 2 die Mahnworte des Propheten an seine Zeitgenossen, die Einwendung der Letzteren und die Erwiderung des Propheten[3]).

Psalmen.

16, 1. מכתם erklären einige Gelehrten als Zusammensetzung aus מָך und תָּם (demütig, fromm, Epitheton Davids), andere aus כתם (Gold: wie kostbares Gold, Epitheton der Psalmen)[4]).

18, 2 f. Die zehn Ausdrücke, mit denen David hier Gott lobpreist, entsprechen den zehn Feinden Davids (Saul, Doeg, Achithophel, Scheba b. Bichri, Schimei b. Gera, Schobach, Goliath und seine drei Brüder — (II Sam. 10, 18 und 21, 16—22), von denen fünf Israeliten, fünf Heiden waren[5]).

---

[1]) Sch. tob zu Ps. 80 (1): רבנן אמרי למה נקרא שמו פתיאל שהיה מתפתה מתלבל בשערו כבתולה. Dann folgt die Erklärung Samuel b. Jizchaks, der פתיאל in gutem Sinne und als Namen des Propheten Samuels (dessen Sohn Joel war, I Sam. 8, 2) deutet (III, 42. 5). Der Deutung der Gelehrten liegt sowohl das Verbum פתה, als das ähnlich lautende Substantiv בתולה zu Grunde.

[2]) Gen. r. c. 44 (22): רבנן אמרי. Am Schlusse einer Reihe solcher Beweisstellen für die These: מאמרו של הקב׳ה אמת und zwar von Sam. b. Nachman, Abba, Abin.

[3]) Tanch. B. תרומה 7: אמרו רבותיני דורו של מלאבי היה מוכיחן והן . Erst nach 3, 8 folgt (הור ואמר להן) משיבין אותו 1, 2. Zu letzterem Verse eine längere Auslegung.

[4]) Sch. tob z. St.: אית מרבנן דפתרין . . . ואית דפתרין . . . . In Sota 10b findet sich die erste Erklärung in einer Agada Jochanans zu Ps. 57, 1.

[5]) Sch. tob z. St. (5): רבנן אמרי. Der zehnte Ausdruck ist das nur in II Sam. 22, 3 stehende מנוסי.

23, 2 – 6. Auf Israels Heimkehr aus dem Exil und die messianische Zeit gedeutet[1]).

24, 3 f. Die Frage und die Antwort auf Moses gedeutet[2]).

31, 8 f. Auf Joseph gedeutet[3]).

52, 2. Doeg heißt der Edomit, weil er rachsüchtig war wie Edom[4]).

68, 18. שנאן bedeutet soviel wie שנונים, gerüstet[5]).

Ib. „Der Ewige in ihnen." Der Name Gottes ist in den Namen der Engel (וגבריאל, מיכאל) enthalten[6]).

80, 2 ff. Dieser Psalm ging in den Tagen des Propheten Joel in Erfüllung[7]).

81, 7. דיר bedeutet die ägyptische Knechtschaft, da סיר Exod. 16, 3 im Targum mit דודא übersetzt wird. Josephs Nachkommen waren in Ägypten frei von der Knechtschaft[8]).

84, 8. Auf diejenigen angewendet, die aus der Synagoge unmittelbar ins Lehrhaus gehen[9]).

93, 3. Das Wort דכים, דכים gelesen, gibt das Rauschen der Ströme wieder, die den Meereswogen zurufen: wir sind zermalmt, nehmt uns auf[10]!

---

[1]) Sch. tob zu Ps. 23 (7): רבנן פתרי בישראל.

[2]) Deut. r. c. 11 (2): רבנן אמרי מדבר במשה, als anonymes Prooemium zu Deut. 33, 1. Anonym in Sch. tob. zu Ps. 24 (7). In Exod. r. c. 4 (1), als anonymes Prooemium zu Exod. 4, 18.

[3]) Deut. r. c. 4 (7): רבנן אמרי הפסיק הוה מדבר ביהם.

[4]) Sch. tob zu Ps. 52 (4): רביתיי אמרי. Am Schlusse einer Reihe anderer Erklärungen (eine anonyme, dann von Sam. b. Nachman, Abba b. Kahana, Nachman, Bar Kappara, Jizchak, Chanina).

[5]) Pesikta rabb. c. 21 (103 b): רבנן אמרי. Sonst als Erklärung Eleazar b. Pedaths (II, 86, 2).

[6]) Exod. r. c. 29 (2): רבנן אמרין. Anderwärts von Simon b. Lakisch (I. 412, 2).

[7]) Sch. tob zu Ps. 80 (1): אמרי רביתיי הפרשה היי בימי יואל בן פתיאל נתקיים.

[8]) Sch. tob zu Ps. 81 (7): רבנן אמרי. Vorhergeht eine anonyme Erklärung, wonach דוד nach I Sam. 2, 14 (Kochtopf) zu verstehen sei, als Hinweis auf den שר הטבחים, aus dessen Dienste Joseph befreit wurde.

[9]) Sch. tob zu Ps. 84 (14): בך למדני רבותיי. Es ist der Ausspruch Levi b. Chaithas Berachot Ende und Moed Katon Ende (III, 735, 3).

[10]) Gen. r. c. 5 (3): רבנן אמרין. Am Schlusse einer Reihe von Deutungen: Levi, Abba b. Kahana, Huna, Josua b. Chananja, Eliezer

105, 18. מְרוּ gehört zu קָר, Herr, Gebieter: „weil sie nicht Gottes Wort als gebietend anerkannten“[1]).

106, 46. Aus den Worten ויתן אותם לרחמים folgt, daß auch das Erbarmen — das Menschen gegen Menschen hegen — eine der großen Gaben Gottes ist[2]).

146, 3 f. Wer sich auf Fleisch und Blut stützt, der vergeht und auch seine Vorsätze vergehen[3]).

Proverbien.

1, 9. לראשך bedeutet: deinem Alter. Die Worte der Lehre verleihen deinem Alter Gunst; wenn ein Thorakundiger alt geworden, umringen ihn die Leute und fragen ihn nach dem Worte der Lehre[4]).

3, 26 a. Gott ist mit dir, auch in Dingen, in denen du unwissend (כסיל) bist[5]).

---

b. Hyrkanos (T. I², 131, 3. 4). — Im Jalkut Machiri z. St. (p. 103) ist als Urheber dieser Deutung genannt: Josua b. Nechemja (ר' יהושע הכהן); statt מרובים אני קבצני muß es heißen מדובבים אני קבליני. In den Ausgaben des Sch. tob, woher das Ganze genommen ist (auch in ed. Buber), fehlt dieser Passus.

[1]) Exod. r. c. 14 (1): רביתיני אמרו על שלא קבלו במרית דברי של הקב"ה עליהם. Statt במרית l. mit Tanch. בא Anf., wo die Einführungsformel fehlt, מרות. S. die bei Levy III, 234 b gebrachten Beispiele für קבל מרית.

[2]) Gen. r. c. 6 (5) und Par.: רבנן אמרי אב הרחמים. Am Schlusse einer Reihe ähnlicher Erweiterungen zum Satze Jochanans (I, 324, 1) von den drei Gottesgaben, von S. b. Lakisch (I, 357, 5), Josua b. Nechemja (III, 309, 4), Jizchak b. Marion (III, 589, 9).

[3]) Deut. r. c. 5 (8); רבנן אמרי כל מי שנשען על בשר ודם עובר אף פרישמיא שלי עוברת. Das griechische Wort ist bisher ungenügend erklärt worden, so daß der Ausspruch in keinen Zusammenhang mit den beiden Belegversen gebracht werden konnte. Ich erkläre es mit $\pi\rho\acute{o}\vartheta\varepsilon\sigma\iota\varsigma$, Vorsatz, was dem Textworte עשתניתי entspricht.

[4]) Deut. r. c. 6 (3): נעשה (נעשים l.) דברי תורה חן לרשיותך ביצר ... Das Wort רשיתך kommt sonst nicht vor und hängt vielleicht mit רשש, zerschlagen zusammen. In der Erklärung entspricht מסבבין איתו dem Textworte לוית.

[5]) J. Pea 15 b, 39; Gen. r. c. 1 (14), jedoch nur in den Ausgaben, s. ed. Theodor, S. 12. Für die zweite Hälfte des Verses folgen dann Erklärungen von Dosa (III, 694); Abahu (II, 121, 2 in j. Pea רבנן statt ר' אבהו); Levi (II, 429, 1).

6, 6. „Sieh' ihre Wege und werde weise." Nämlich
die der Ameise innewohnende Scheu vor Raub[1]).

12, 27. Notarikon-Deutung des Wortes הריד[2]).

20, 20. Wenn Cham, weil er die Blöße seines Vaters
sah, mit seinen Nachkommen für immer verstoßen wurde,
um wieviel mehr verdient das, wer seinen Vater verflucht[3]).

22, 22. Die Beraubung der Armen, vor der hier ge-
warnt wird, ist die Entziehung der den Armen gebührenden
Abgaben[4]).

23, 25. Die Freude am weisen Sohne empfindet die
Mutter doppelt; sowie sie den Fluch eines törichten Sohnes
doppelt empfindet (Prov. 10, 1; 17, 25)[5].

31, 2. Hier ist eine wirkliche Züchtigung Salomos durch
seine Mutter berichtet[6]).

Hiob.

15, 30 b. Auf die Frau Korachs gedeutet[7]).

22, 28. Dieser Vers bezieht sich auf die Abwendung
des Vernichtungsurteils über Israel durch die Fürbitte Moses
(Num. 14, 12 ff.)[8]).

23, 13. Sobald Gott etwas über die Menschen verhängt, kann man nichts dagegen einwenden[9]).

---

[1]) Deut. r. c. 5 (2); רבנן אמרי . . . ראה דרך ארץ שיש בה שביעית
מכן תבין.

[2]) Gen. r. c. 67 (1): רבנן אמרי. In Erubin 54b hat diese Deutung
El. b. Azarja (T. I⁻, 225, 5). S. auch I, 157, 4.

[3]) Tanch. קדושים (B. 15): רבותינו אמרי.

[4]) Num. r. c. 5 (2): רבנן אמרי. Fehlt in Tanch. zu Num. 4, 17.

[5]) J. Taanith 67 a, 32. Vorher allegorische Erklärungen zu ילדה
von Mani (III, 454, 4) und Jose b. Abin (III, 726, 8).

[6]) Lev. r. c. 12 (5): רבנן אמרי ריא אמר שמעון . . . In Sanh. 70b
Simon b. Jochai, tradiert von Jochanan, in Tanch. שמיני Anf. Jose b.
Chanina (T. II, 123, 3).

[7]) Num. r. c. 18 (15). Innerhalb der Anwendung des ganzen
Passus Hiob 15, 28–34: שלמה אמרי רבותינו אשתו של קרח בשעירה
ליהבם בית אשה auf Korach und seinen Untergang: יפקיד דבש.

[8]) Deut. r. c. 5 (13): רבנן אמרי המקרא הזה מדבר שבעים עמם יקרב כל
ישראל בעל. Das Wort בעל ist zu streichen; oder es ist in מבעלי zu
emendieren.

[9]) Exod. r. c. 4 (3): רבותינו אמרי. In Tanch. B. שמות 14:

33, 23. Wenn 999 verurteilen und einer freispricht, neigt Gott das Urteil zum Freispruche[1]).

Hohelied.

1, 1. Das Hohelied ist vom Sinai gegeben worden[2]).

1, 5. Statt בְּנוֹת יְ 1. בּוֹנוֹת יְ: Gemeint ist das große Sanhedrin Israels, das in Jerusalem Sitzung hält und über jede Frage und Rechtsangelegenheit unterweist[3]).

1, 9. Deutung des Femininums לְסֻסָתִי[4]).

Ib. Israel heißt רַעְיָתִי, die Erhalterin der Welt; denn hätte Israel nicht die Thora empfangen, hätte ich — spricht Gott — die Welt ins Chaos zurückgeführt[5]).

2, 1. Zwei Deutungen der Worte אֲנִי חֲבַצֶּלֶת הַשָּׁרוֹן. 1. Die Erde spricht: Ich bin es, die wert vor Gott ist, da in mir alle Toten geborgen sind (Jes. 26, 19), die ich, wenn Gott sie fordert, ihm wiedergebe und ein Lied anstimme (Jes. 24, 16)[6]). 2. Die Gemeinde Israels spricht: Ich bin es, die wert vor Gott ist; aus den Tiefen der Hölle erlöst er mich (Ps. 40, 3), und ich singe vor ihm ein neues Lied (ib. V. 4)[7]).

רביתיני אמרו (דבר אחר) ד"א, aus dem vielleicht nur durch falsche Auflösung geworden ist.

[1]) Pesikta r. c. 10 (38 b): רביתינו אמרו. Gekürzt aus der Baraitha Sabbath 32 a (תנו רבנן).

[2]) Schir Haschirim zuta p. 9 (ed. Buber): וחכמים אמרו מהר סיני. Es ist das die Meinung Jochanans zu Hiob 1, 2; Schir r. z. St. (בסיני נאמרה) I, 313, 8.

[3]) Schir r. z. St.: רבנן אמרי. Da בונות mit מבינין umschrieben wird, muß man annehmen, daß damit [מ]בונות gemeint ist. In Exod. r. c. 23 (10): אמרו רבותינו.

[4]) Schir r. z. St.: רבנן אמרי לפי שנדמו ישראל לסוסים נקבות . . . Dagegen Simon (II, 456, 6).

[5]) Schir r. z. St.: רבנן אמרי רעייתא דעלמי.

[6]) Schir r. z. St.: משום רבנן אמרו. Nach der Deutung Berechjas (III, 383, 1) und die Textworte in gleicher Weise deutend wie er.

[7]) Schir r. z. St.: רבנן אמרין. Nach den Deutungen von Abba b. Kahana (II, 498) und Acha (III, 148) und mit der Nachbemerkung, daß diese Deutung der Gelehrten dem Ausspruche Eleazars aus Modiim (T. I², 195, I¹, 202) entspricht.

3, 7. Deutung des Verses auf das aus Agypten ziehende Israel[1]).

4, 12. Deutung der einzelnen Ausdrücke auf die Züchtigkeit von Frauen und Männern in Israel[2]).

6, 8 f. Deutung des Verses auf das aus Agypten ziehende Israel[3]).

8, 8 ff. Deutung des Verses auf die aus dem Exile Heimkehrenden[4]).

Echa.

1, 7. „Als ihr Volk in die Hand des Drängers fiel.“ Auf diese Worte wandten die babylonischen Gelehrten den Spruch an: „Fällt der Ochs, sind seiner Schlächter viele,“ der palästinensische Gelehrte den Spruch: „Fällt der Ochs, werden die Messer geschliffen[5]).“

Ib. Auf den Inhalt des ganzen Verses wenden die babylonischen Gelehrten den Spruch an: „Wenn die junge Frau Unbill erfährt, gedenkt sie der sieben Hochzeitstage,“ die palästinensischen Gelehrten den Spruch: „Wenn der junge Mann barfuß gehen muß, gedenkt er des Wohlstandes seines Vaterhauses“[6]).

1, 14. „Gott gab mich in die Hände Jemandes, vor

---

[1]) Schir r. z. St.: דבר· פרד· קרא ב· בנצא מצרים. Vorher Deutungen Eleazar b. Jose (T. II, 415); Simlai (I, 563); Jochanan (I, 315). S. auch Num. r. c. 11 (3).

[2]) Pesikta 83 a: רבנן אמרין. Sonst ist Pinchas als Autor genannt (III, 331, 2). Eine Handschrift der Pesikta hat ר״א, woraus wohl, wie Buber vermutet, רבנן אמ' geworden ist.

[3]) Schir r. z. St.; דבר· פרד· קרא ב· בייצא מצרים. Vorher die Deutungen Jizchaks (II, 232) und Jehuda b. Ilaïs (T. II, 223).

[4]) Schir r. z. St.: רבנן פתרי קרא בעילי גלה. Vorher die Deutung Jochanans (I, 316).

[5]) Schir r. z. St.: רבנן דהתם אמרין · · · ר' דהבא א' · · · Den zweiten Spruch (in etwas geänderter Form) wendet Buber an zur Erklärung der Worte „in der Stunde, wenn sie geboren“ in M. Sabbath II, 6 (Sabbath 32 a). In Midr. Panim Acherim 39 b ist der erste Spruch (in hebr. Übersetzung: נפל שור חדד סכין שחיטתו) auf Hamans Sturz, Esther 7, 9 angewendet.

[6]) Echa r. ib. Wie in der vor. Anm. Das Wort חספין im ersten Spruche ist unerklärlich. Vielleicht ist חבסין zu lesen.

dem ich nicht aufkommen kann." Das zielt auf eine böse Frau mit großem Heiratsgut[1]).

2, 13 f. „Wer könnte dich lieben?" „Deine Propheten"[2]).

3, 42. Die babylonischen und die palästinensischen Gelehrten beleuchten den Vers mit je einer Sprache[3]).

Koheleth.

3, 5. Auf Moses gedeutet, für den es eine Zeit gab, in der er die Bundestafeln wegwarf (Exod. 32, 19) und eine Zeit, in der er sie wieder Israel zurückgab (34, 1)[4]).

5, 5. Dieser Vers spricht von den mit der Zunge Sündigenden[5]).

5, 9a. Gemeint sind die Weisenjünger, die die Worte der Thora lieben, welche dem Silber verglichen sind (Prov. 16, 16)[6]).

5, 12. Der Vers bezieht sich auf Hiob, der reich war, verarmte und dann wieder zu seinem früheren Zustande zurückkehrte[7]).

---

[1]) Echa r. z. St.: ‎רבנן אמרי‎. Nach b. Jebamoth 63b wendet den Text so an Chisda im Namen von Mar Ukba b. Chija, während es in Palästina von Jemandem gesagt wird, dessen Lebensunterhalt von seinem Barvermögen abhängt.

[2]) Pesikta 125a: ‎רבנן אמרי‎. In Echa r. z. St. ist Josua b. Levi als Autor genannt (I, 179, 4).

[3]) Echa r. z. St. Wie S. 89, Anm. 5. Über die beiden Sprüche, s. Echa r. ed. Buber, S. 69a.

[4]) Deut. r. c. 3 (13): ‎רבנן אמרי‎. Vorher eine Deutung von Tanchuma. In Exod. r. c. 46 (2) anonym.

[5]) Deut. r. c. 6 (10): ‎רבנן אמרי המקרא הזה מדבר בבעלי הלשין‎... Im Einzelnen ausgeführt. S. oben S. 35, Anm. 3 (unter Josua b. Levi). In Tanchuma ‎מצורע‎ (B. 2) wird diese Deutung des Kohelethverses mit der Überschrift ‎אמרי רבותינו‎ in anderer Form gebracht: ‎אין הנגעים באים אלא על לשין הרע שיצא מפיו ורוח הקדש צווחת אל תתן‎...

[6]) Deut. r. c. 2 (26). In Koh. r. ist 5, 9 ganz weggeblieben. Eine Erklärung der zweiten Vershälfte von den Gelehrten, s. oben unter Simai, S. 31, Anm. 3.

[7]) Koh. r. z. St.; ‎רבנן אמרי‎. Vorangehen Deutungen von Josua b. Levi (I, 157), Samuel b. Nachman (I, 538), Jehuda b. Simon (I. 538, 7), Levi (II, 388), Jizchak (II, 273). Anstatt ‎הזי איש‎ ist handschriftlich

7, 1. Deutung auf Aharons Einsetzung ins Priesteramt[1]), mit der Pointe: Besser sind die Namen der Stämme Israels, die Aharon im Heiligtum über seinem Herzen trug (Exod. 28, 29), als das kostbare Öl, mit dem Priester und Könige gesalbt wurden.

7, 26. Dadurch, daß die Frau vom Manne Dinge verlangt, die er nicht erreichen kann, bringt sie ihn schließlich zu bitterem Tode. Dazu eine Anekdote[2]).

Esther.

2, 5. Mordechai wird gleichzeitig als Benjaminit und als Jehudi bezeichnet. Denn die beiden Stämme stritten sich um seine Herkunft. Jehuda sprach: Mir verdankt er sein Dasein dadurch, daß David seinen Ahnen Abischai verschonte (II Sam. 16, 10), Benjamin sprach: Er ist mir entsprossen[3]).

3, 2. Mordechai bückte sich nicht vor Haman. Denn er stammte aus Benjamin, dem Träger der Herrlichkeit Gottes (Deut. 33, 12); wer die Fahne (signum) des Königs trägt, bückt sich vor keinem Menschen[4]).

---

gut bezeugt: זה שבטי של לוי. Der Stamm Levi verarmte, als ihm seine Abgaben vorenthalten wurden (s. Neh. 13, 10 f.).

[1]) Koh. r. z. St.: רבנן אמרי. Dann folgt nach der Überschrift אמ רהם: ר' genau derselbe Ausspruch mit dem bloßen Unterschiede, daß anstatt Exod. 28, 29 zitiert ist 28, 12 („auf seinen Schultern"). In Midr. Sam. c. 23 (3) steht nach der Einführungsformel ר' יהודה י': חמיה der Ausspruch Jehudas, der mit dem der Gelehrten in Koh. r. identisch ist; aber der angekündigte Ausspruch Nehemias fehlt. In Schocher tob zu Ps. 101 (2) steht nach derselben Einführung der Ausspruch Jehudas, aber mit einer Deutung zu Ps. 101, 3—6 erweitertem Inhalte und ohne die Pointe des Kohelethverses. Als Ausspruch Nehemias, aber mit der Angabe, er werde auch als Ausspruch des Simon b. Lakisch tradiert (I, 399, 7), folgt eine Deutung zu Ps. 101, 6.

[2]) Koh. r. z. St.: רבנן אמרי.

[3]) Megilla 12b: רבנן א'. Vorher die Erklärungen von Nachman (B. Am. 82) und Josua b. Levi (I, 169).

[4]) Midrasch Panim Acherim ed. Buber p. 41a; אמרי חכמים. Ohne Beziehung auf Deut. 33, 12 findet sich derselbe Gedanke in Esther r. 3, 4 als Schluß eines Ausspruches von Levi (nach Abba Gorion z. St., ed. Buber 11b), Levi im Namen Chama b. Chaninas (in I, 476 nachzutragen), in den dort nicht verständlichen Worten: לא עבד אלא שאני אסטרטיון של

3, 10. Ahasveros haßte Israel noch mehr als Haman. Während sonst der Käufer dem Verkäufer ein Unterpfand gibt, war es hier der Verkäufer, der Haman seinen Siegelring zum Pfande gab[1]).

4, 4. ותתהלחל erklären die babylonischen Gelehrten anders als die palästinensischen Gelehrten[2]).

4, 5. התך ist Daniel. Den Namen Hathach (von חתך) erhielt er, weil er nach den babylonischen Gelehrten seiner Würde enthoben worden, nach den palästinensischen, weil er die Dinge entschied[3]).

6, 13. „Seine Freunde" heißen unmittelbar darauf „seine Weisen", weil sie weise Worte sprachen[4]).

Daniel.

5, 8. Die Worte, die erst Daniel lesen konnte (V. 25), waren in umgekehrter Reihenfolge der Buchstaben geschrieben[5]).

דלא עוד אלא שאני יליד בית איסינטורן של הקב"ה. In Abba Gorion heißt es: מלך. In Jalkut zu Esther (§ 1054) lautet der Satz als besonderer Ausspruch Benjamin b. Levis: איסינטרינו של הקב"ה אני ובי איסיינטריין של מלך. משתחוה להדריוט Das Fremdwort wird von Fürst (Glossarium, Graeco-Hebraeum S. 31 f., ihm folgt Krauß II, 15) mit εὐγενεστατως erklärt. Das entspricht weder dem Buchstabenbestande des Wortes noch dem Inhalte des Ausspruches. Die Stelle im Midr. Panim Acherim führt auch zur richtigen Erkenntnis des Fremdwortes. ˙Denn dieses entspricht hier מעון סינוס, d. h. Fahnenträger. Das Fremdwort ist also lat. signifer oder etwa ein neben σημαιοφόρος zu supponierendes griech.-lat. σιγνοφόρος; (au. — עיס) סיגנופיידון. Diesem entspricht — wenn ט zu פ emendiert wird — fast ganz genau die Schreibung des Wortes im Jalkut. Nur aus der Version in P. A. ist ersichtlich, wieso sich Mordechai als Benjaminit den Fahnenträger Gottes nennt. S. meinen Aufsatz in Rivista Israelitica IX, 1—4.

1) Esther r. z. St., Abba Gorion z. St. (15a): רבנן אמרי.

2) Esther r. z. St. (daraus Midr. Panim Acherim 26a): רבנן דחמן אמרין פירסה נדה ור' דהבא אמרין הפילה עוברה. Als Autor der babylonischen Erklärung ist in Megilla 15a Rab genannt.

3) Esther r. z. St.: ר' דתמן א' שנחתך מגדולתו ר' דהבא א' שחתך את הדברים. In Megilla 15a ist die erste Erklärung Rab, die zweite (שכל דברי מלכות נחתבין על פי:) Samuel zugeschrieben.

4) Midr. Panim Acherim, S. 40b; אמרו חבמים.

5) Schir r. zu 3, 4: רבנן אמרי. In b. Sabbath 22a sagt das Jochanan (I, 277, 7).

6, 18. Der Stein hatte sich auf wunderbare Weise aus dem Lande Israels nach Babylonien herangewälzt[1]).

7, 25. Die Worte „Zeit und Zeiten und halbe Zeit“ zur Berechnung der messianischen Endzeit verwendet[2]).

Esra.

7, 5 f. Die Worte „das ist Esra …“ unmittelbar nach der Erwähnung Aharons, dienen als Beweis für die These, daß die Autorität der Gegenwart der der Vergangenheit im Range nicht nachsteht: selbst wenn Aharon zur Zeit Esras am Leben gewesen wäre, so wäre Esra größer als er[3]).

Sentenzen.

Groß ist der Friede; wenn der König Messias kommt, eröffnet er seine Heilsbotschaft mit dem Frieden, nach Jes. 52, 7[4]). — Erkenne, wie groß die Kraft des Friedens ist, daraus, daß Gott auch den Krieg mit der Aufforderung zum Frieden zu eröffnen gebietet (Deut. 20, 10)[5]). — Gewaltig ist die Kraft des Rechts, denn es ist einer der Füße des Gottesthrones, nach Ps. 89, 15[6]). — Halte dich von einer leichten Sünde ferne, damit sie dich nicht zu einer schweren

---

[1]) Pes. r. c. 6 (25 b): אמרו רבותינו. In Schir r. Einleitung אמר רב (Rab), was vielleicht aus אמרי רבנן gekürzt ist. In Num. r. c. 14 (3), Sch. tob zu Ps. 24: Abahu (II, 128, 2).

[2]) Sanhedrin 97 b: לא כרביתיני שהיי דורשין עד עידן ‏. . . S. Raschi z. St.

[3]) Midr. Sam. c. 15 (2); Koh. r. zu 1, 4: ירבנן מייתי לה מהכא. Vorangehen ähnliche Belege für die These von Simon b. Lakisch, (I, 358, 1, wo der Hinweis auf Midr. Sam. fehlt), Berechja (III, 366, 5), Simai (T. II, 546, 3 in Midr. Sam. Simon), Hillel, Sohn Samuel b. Nachmans (III, 703, 4).

[4]) Lev. r. c. 9 Ende: רבנן א׳. Am Schlusse einer Reihe von Aussprüchen, die mit den Worten גדיל שלום beginnen und zwar von Simon b. Jochai, Bar Kappara, Samuel b. Nachman, Jose der Galiläer, Juda b. Jose, Schule Ismaels, Simen b. Chalaftha, Levi.

[5]) Deut. r. c. 5 (12): רבנן אמרי. Anders in Sifre z. St. (§ 199) und zu Num. 6, 26 (§ 42).

[6]) Deut. r. c. 5 (1): רבנן א׳. Vorher ein ähnlicher Ausspruch von Simon b. Gamliel (T. II, 328, 1).

bringe; eile zu einem leichten Gebote, damit es dich zu einem schweren bringe[1]). — Wer etwas, was er von einem andern vernommen, nicht in dessen Namen mitteilt, begeht Todschlag, nach Esther 2, 22: weil Esther die Sache „im Namen Mordechais“ mitteilte, bewirkte sie seine nachmalige Rettung (6, 2)[2]).

Gruppensätze. Zahlensprüche.

Jeder, dessen Tod mit Anwendung des Ausdruckes קרב („seine Tage näherten sich dem Sterben“) berichtet wird, erreichte nicht das Alter seiner Väter. So David (I Kön. 2, 1), Moses (Deut. 31, 14), Jakob (Gen. 47, 29)[3]). — Wer in der Bibel mit dem Ausdruck הָיָה eingeführt wird, hat als Nährer und Erhalter seiner Zeit gewirkt. So Noach (Gen. 6, 9), Joseph (Gen. 37, 2), Moses (Ex. 3, 1), Hiob (Hiob 1, 1)[4]). — Du findest, daß der Eine auf seine Frau hört und verliert, der Andere auf seine Frau hört und gewinnt. Adam (Gen. 3, 17) ist Beispiel für den Einen, Abraham (16, 2) für den Andern[5]).

Zwei weise Männer erstanden in der Welt, der eine aus Israel, der andere aus den Heiden, und beide kamen um: Bileam und Achitophel. Ebenso zwei starke Männer: Simson und Goliath; zwei reiche Männer: Korach und Haman. Warum? Weil ihre Gabe nicht vom Himmel war[6]). — Zwei heilige und bedeutsame Dinge galten als gefahrbringend und

---

[1]) Num. r. c. 10 (8): אמרו הכמים הרהק מחטא הקל ‎. . . . Aus Ab. di R. N. c. 2 (5a), wo auch die Einleitungsformel sich findet.

[2]) Midr. Panim Acherim ed. Buber 33b: אמרו חכמים מי שאינו אומר דבר בשם אימרו הור: נפישׁת‎. Es ist die negative Form des Ausspruches Chaninas in Megilla 15a (I, 12, 1).

[3]) Tanch. B. ויחי 4: אמרי רבותינו‎. Tanch. ויחי (54 a); ארזׁיל‎. Anonym in Gen. r. c. 96 (4).

[4]) Gen. r. c. 30 (1): רבנן אמרי כל מי שנאבר בו היה זן ופירנם‎. Vorher ähnlicher Satz mit היה von Jochanan (I, 262) und Levi (I, 542, 1).

[5]) Deut. r. c. 4 (5); רבנן אמרין‎. Die beiden Beispiele weiter ausgeführt.

[6]) Tanch. מטות (B. 8): שׁנו חכמים‎, Num. r. c. 22 (7): שׁנו רבותינו‎. Im Jalkut fehlt die Überschrift. Da der Ausspruch mit שׁנו חכמים beginnt, ist שׁנו הכמים vielleicht nur Wiederholung und Korruptel aus שׁנו חכמים‎.

um sie nicht in Verruf kommen zu lassen, sagt die Schrift besonders Rühmliches und Segensreiches von ihnen aus. Es sind dies das Räucherwerk (Num. 27, 12) und die Bundeslade (I Sam. 5). „Nicht Räucherwerk und Lade töten, sondern die Sünden töten[1]. — Drei Dinge tat Moses aus eigener Einsicht und gewann die Zustimmung Gottes[2]. — Drei Dinge wurden vom irdischen hohen Rat beschlossen und vom himmlischen hohen Rat bestätigt: das Grüßen mit dem Gottesnamen (Ruth 2, 4), das Lesen der Estherrolle (Esther 9, 27), die Einhebung der Zehnten (Neh. 10)[3]. — Drei erlaubte Arten des Aberglaubens[4]. — Nur drei Arten des Kusses sind frei von Leichtfertigkeit: der Weihekuß (I Sam. 10, 1), der Abschiedskuß (Ruth 1, 14), der Wiedersehenskuß (Exod. 4, 27)[5]. — Vier werden Frevler genannt[6].) — Die vier Eigenschaften der Frauen[7]. — Fünf Dinge sind es, mit denen die Thora verglichen wird: Wasser (Jes. 55, 1); Wein (Prov. 9, 5); Honig (Hoh. 4, 11); Milch (ib.); Öl (Hoh. 1, 3)[8]. —

[1]) Num. r. c. 4 (20): אמרו רבותינו.

[2]) Exod. r. c. 19 (3): אמרו רבותינו. Es sind die drei Dinge, die in Ab. di R. N. c. 2 (5a) in dem Absatze: הי אחד מדברים שעשה משה ..., in zum Teil verschiedener Ausführung gebracht werden. Ein vierter Fall ist in Ab. di R. N. vorher genannt. Dieser eine Fall und der erste und dritte Fall der Hauptgruppe bildet den Inhalt der Baraitha (תניא) in Sabbath 78a; Jebam. 62a (... שלשה דברים עשה משה). Der Ausspruch in Exod. r. c. 19 ist ohne Einführung und auch inhaltlich etwas verschieden wiederholt iu Exod. r. c. 46 (3).

[3]) Ruth r. zu 2, 4, tradiert von Tanchuma (התקינו בב"ד שלמטה). In b. Makkoth 23b ist Josua b. Levi als Autor genannt (I, 155, 5).

[4]) Gen. r. c. 84 (5): רבנן אמרי בה ראובן אשרי אין אם שאין נחם ישב. Das ist ein Ausspruch Simon b. Eleazars in der Bar. Chullin 95b.

[5]) Exod. r. c. 5 (1); אמרו רבותינו וכו'. Anonym in Gen. r. c. 70 (12); Midr. Sam. c. 14 (5).

[6]) Tanch. קרח (B. 21) שלש רבותינו אלעזר נקראו רשעים. Es sind die drei in dem Ausspruche Jizchaks (II, 215, 2) Genannten mit dem von Tanchuma (Pesikta 190b) hinzugesetzten Vierten.

[7]) Gen. r. c. 45 (5): רבנן אמרי. Jehuda b. Nachman und Levi fügen je zwei Eigenschaften hinzu. In Deut. r. c. 6 (g. E.) ist Levi als Autor des Hauptsatzes genannt, die Ergänzung J. b. Nachmans den Gelehrten zugeschrieben. S. II, 310, 1.

[8]) Deut. r. c. 7 (3). רבנן אמרי.

Sieben Dinge sagt Salomo vom Trägen aus; das größte aber ist, was Moses von ihm sagt[1]).

Gebote.

Acht Dinge hat Gott den Israeliten verboten und ihnen dafür acht ähnliche Dinge erlaubt[2]). — Begründung der in M. Sabbath II, 5 erwähnten Gebote, deren Erfüllung den Frauen besonders obliegt[3]). — Warum die Wöchnerin das in Lev. 12, 6 vorgeschriebene Opfer darbringt[4]). — Das Verbot des gemischten Gewebes, Deut. 22, 4, geht darauf zurück, daß Kain Leinsamen, Abel das Wolle tragende Schaf als Opfer darbrachte. Es ist nicht recht, spricht Gott, daß sich die Opfergabe des Sünders mit der des Schuldlosen menge[5]).

Israel.

Gott spricht zu Israel: Meine Kinder, alle Wohltaten, die der Welt zuteil werden, erhält sie um euretwillen: Tau (Gen. 27, 28), Regen (Deut. 28, 12), Frieden (Num. 6, 26)[6]). — Als Könige über Israel erstanden und das Volk zu unterdrücken begannen, sprach Gott: Habt nicht ihr mich ver-

---

[1]) Deut. r. c. 8 (6): רבנן אמ׳׳. In folgenden Sätzen der Sprüche: 26, 13 a; ib. 13 b; 22, 13; 26, 14; 6, 9 ff.; 19, 24; 20, 4 werden Einwände des Trägers gegen die Aufforderung sich mit dem Studium der Lehre zu beschäftigen, erkannt. Eine solche, keinen Einwand zulassende Aufforderung wird in den Worten Moses', Deut. 30, 14 gefunden: du hast nichts zu tun, als das Wort auszusprechen.

[2]) Deut. r. c. 4 (9): אמרי רבנן שמנה דברים אסר להן הקב׳׳ה והתיר להן שמונה [כיוצא] בהן. Dann folgt die Ausführung, Gott in den Mund gelegt (. . . אסרתי לך את החלב), jedoch ist nur das erste und das letzte genannt. Zu ergänzen aus Lev. r. c. 22 (13), wo diese Äquivalenten der Verbote in einem anonymen Satze und in einem Ausspruche Levis genannt werden.

[3]) Tanch. B. נח 1: אמרו חכמינו (in Tanch. נח Anf. ohne Überschrift). Anonym j. Sabbath 5 b, 39.

[4]) Tanch. תזריע (B. 6): אמרו רבותינו. In Nidda 31 b Simon b. Jochai (T. II. 104, 4).

[5]) Tanch. בראשית (5 b): ורבנן אמרי.

[6]) Deut. r. c. 7 (7): רבנן אמרי. In anderer Form als Ausspruch Levis, Schir r. zu 7, 1 (II, 323, 3).

lassen und euch Könige gewünscht[1])! — Wertgeschätzt bei
Gott ist der Proselyt; denn Gott gestattete (Jer. 14, 8 גר),
daß die Bezeichnung des Proselyten auf ihn selbst angewendet werde[2]).

Messianisches.

Der Name des Messias wird auf jeden Fall David
sein[3]). — Die Jahreswoche, die der Ankunft des Messias
vorausgeht[4]). — Daniel 12, 11 f. auf eine Einzelheit der
Messiaszeit angewendet[5]). — Dereinst werden sich die — von
den Toten erstandenen — Geschlechter versammeln und vor
Gott sprechen: Herr der Welt, wer soll zuerst vor dir den
Gesang anstimmen? Gott antwortet: In der Vergangenheit
hat das Geschlecht Moses' vor mir den Gesang angestimmt
(Exod. 15, 1); so möge es dies auch gegenwärtig tun. Darauf weist hin Jes. 42, 10: „Singet dem Ewigen einen neuen
Gesang . . . die ihr ins Meer hinabstieget[6])!“ — Dereinst
wird Gott einen Heroldruf ergehen lassen und verkündigen:
Wer kein Schweinefleisch gegessen hat, der möge kommen
und seinen Lohn empfangen[7]). — Die Dauer der Messiaszeit[8]). — Dereinst wird Gott den Frommen die Hölle zeigen
und ihnen sagen: Die leeren Stellen hättet ihr erhalten, wenn

---

[1]) Deut. r. c. 5 (8): רבנן אמרי.

[2]) Tanch. B. לך לך 6; Tanch. ib. (17a): רביתיני אמרי.

[3]) J. Berach. 5a, 10: רבנן אמרי. In Echa r. zu 1, 16 Ende als
Ausspruch Samuel b. Jizchaks tradiert von Jehuda b. Simon (III, 53, 5).

[4]) Pesikta 51a; Pes. r. 75a: רבנן אמרי. Dieses Programm der
Messiasleiden findet sich in b. Sanh. 97a als Baraitha (תני רבנן) und hat
in Schir r. zu 2, 13 irrtümlich Jochanan zum Autor (I, 333, 4).

[5]) Ruth r. zu 2, 14, tradiert von Tanchuma (wie oben 78, Anm. 5).
Nach Pesikta 49b tradierte dies Tanchuma im Namen Chama b. Hoschajas (III, 482, 3).

[6]) Koh. r. zu 1, 9 („was war, das wird sein“), רבנן אמרי.

[7]) Koh. r. ib. רבנן אמרין. Es wird dann ausgeführt, daß auch Viele
aus der Heidenwelt sich melden, aber zurückgewiesen werden.

[8]) Sch. tob zu Ps. 90 (17), wo auf die Frage כמה ימות משיח
die verschiedensten Antworten von Tannaiten und Amoräern gegeben
werden. Darunter von den רבנן: 354 Jahre, so viele Tage das Mondjahr
hat, mit dem Belegverse Jes. 63, 4 („das Jahr meiner Erlösten“). Eine
Variante lautet: 4000 Jahre. S. T. I², 139, 4 (I, 145).

ihr nicht durch euere guten Handlungen des Paradieses würdig geworden wäret. Und den Frevlern wird er das Paradies zeigen und ihnen sagen: Die leeren Stellen wären euch zu Teil geworden, wenn ihr nicht durch euere schlechten Handlungen zur Hölle verurteilt worden wäret[1]).

Gott und Welt.

Parallele zwischen Gott und der Seele[2]). — Die Zahl der Himmel[3]). — Die Entfernung des Himmels von der Erde beträgt fünfhundert Jahre rund, gleich der Summe der Lebensdauer der drei Patriarchen (175 + 180 + 147 = 502)[4]). — Parallele zwischen dem Weibe und der Erde[5]). — Das Wunder des neunmonatlichen Verweilens des werdenden Menschen im Mutterleibe[6]). — Aus dem Leben der Ameise[7]). — Die Wirkung des Regens macht sich auch bei den Fischen im

[1]) Sch. tob zu Ps. 6 (6): רבנן אמרין לעתיד לבוא הקב ה ניטל לצדיקים יראה להם גיהנם ...

[2]) Deut. r. c. 2 (37): ... רבנן אמרי ביא יראה הקב ה ממלא. Gekürzt aus dem anonymen — wohl tannaitischen — Ausspruch in Lev. r. c. 4 (8). Eine andere Kürzung des letzteren in Sch. tob zu Ps. 103 (4): רבנן אמרי; ferner Tanch. חיי שרה Anf. (29a). — Eine ähnliche Parallele findet sich in Berach. 10a mit Mar Ukba oder Simon b. Ukba als Autor.

[3]) Sch. tob zu Ps. 114 (2): 1. רבנן אמרי שני רקיעין הן, nach Ps. 68, 34; 2. רביתיי אבירי שליש. nach I Kön. 8, 27; 3. רי אלעזר אימר שבעה הן. Ebenso in Jalkut Machiri zu Ps. 114; auch in Jalkut Schimeoni zu Deut. 10, 14 (§ 855), nur hier statt Eleazar, Jirmija b. Eleazar. In Deut. r. c. 2 (32), wie in Sch. tob (nur verstümmelt): aber רב אמר statt רבנן אמרי. Die Ansicht von den zwei und die von den sieben findet sich auch Chagiga 12b, die erstere von Jehuda, die zweite von Meir (so zu emendieren nach Aboth di R. N. c. 37). S. T. II, 65, 3.

[4]) J. Berach. 2 c. 62: רבנן א׳. S. T. II, 221.

[5]) Tanch. B. ויארא 18: אמרי רבותיני כשב שיש לאשה ראש בך ייש ... לארין. In sieben Einzelheiten durchgeführt, mit der Pointe: auch die Erde gebärt, nach Jes. 66, 5. Ein Gruppensatz von Simon b. Lakisch nennt statt des Weibes den Menschen überhaupt, Koh. r. zu 1, 4. S. I, 413, 3.

[6]) Tanch. תזריע (B. 4): רביתיי אמרו מעשה נסים הקביה עישה עם האדם. Vorher ein ähnlicher Ausspruch von Aibo (III, 65, 3).

[7]) Deut. r. c. 5 (2): רבנן אמרי. Daran knüpft sich eine Bemerkung von Simon b. Jochai.

Wasser bemerkbar[1]). — Das Herabkommen des Regens ist
der Auferstehung der Toten gleichgeachtet, nach Hosea 6, 2 f.[2]).

Von hundert Menschen sterben 99 durch eigene Ver-
schuldung und einer durch Fügung des Himmels[3]).

Zu den biblischen Personen und Erzählungen.

Kain und Abel waren 40 Jahre alt, als Abel getötet
wurde[4]). — Grausamkeit des Geschlechtes der Sündflut gegen
die eigenen Kinder, nach Prov. 12, 10 b und Hiob 29, 20[5]).
— Wie Noach in der Arche die einzelnen Tiergattungen
mit Nahrung versieht, nach Prov. 11, 30 f.[6]) — Noach lebte
so lange, daß er die Welt bevölkert und die ihm entstamm-
ten siebzig Völker sah[7]). — Wie Satan bei der Pflanzung
des Weinstockes durch Noach mittätig ist[8]). — Abraham
wurde um Jakobs willen erschaffen; denn in Gen. 18, 19
deuten die Worte „Gerechtigkeit und Recht" nach Ps. 99, 4
auf Jakob hin[9]). — Jakob brachte die mittlere Riegelstange
des künftigen Heiligtums (Exod. 26, 28) mit sich nach Ägypten[10]). — Als Moses die Schafe Jethros in der Wüste weidete,
entlief ihm ein Böcklein; er lief ihm nach, bis er es bei einem

---

[1]) Gen. r. c. 13 (16): רבנן אמרין אף הרוגי מים. Dann eine
illustrierende Anekdote (aramäisch) von Rachas b. Chama. In Deut. r.
c. 6 ist die These mit רבנן אמרי, die Anekdote (hebräisch) mit אמרי רבותינו
eingeführt.

[2]) Deut. r. c. 7 (6): רבנן אמרי. Vgl. Chija b. Abba in j. Berach.
9a unt. (II, 183, 4) und Joseph in b. Berach. 33a.

[3]) J. Sabbath 14c, 57; Lev. r. c. 16 (5): רבנן א. Vorher ähnliche
Sätze von Rab, Chanina, Jonathan.

[4]) Tanch. z. St. (5b): אמרו הכמים ז"ל. Anders in Gen. r. c. 22 (3).

[5]) Tanch. B. נח 10: אמרי רבותינו, Tanch. נח (10b): אמרי ר' ל.

[6]) Tanch. נח Anf. (8a). Zwei Sätze mit der Überschrift אמרי
רבותינו. In Tanch. B. נח 2 ist der eine Satz den Gelehrten gegenüber
Akiba zugeschrieben, der andere ebenfalls mit אמרי רבותינו eingeleitet.

[7]) Tanch. B. נח 2, Tanch. נח Anf. (8a): אמרי רבותינו.

[8]) Tanch. נח (12b): אמרי רבותינו ז"ל.

[9]) Lev. r. c. 36 (4): ירבנן אמרין am Schlusse eine Reihe ähnlicher
Aussprüche über das Verdienst Jakobs.

[10]) Tanch. B. ויגש 9, Tanch. ויגש 102b: אמרי רבותינו.

Teiche traf, aus dem es trank. Da sprach Moses: Ich wußte
nicht, daß du vor Durst davongelaufen bist. Gewiß bist du
ermattet. Dann nahm er das Böcklein, lud es sich auf die
Schultern und trug es zurück. Da sagte Gott: Du hast Erbarmen mit der dir anvertrauten Herde, bei deinem Leben,
du sollst Israel, meine Herde, weiden[1]). — Die ägyptischen
Plagen machten den Grenzstreitigkeiten zwischen Kusch und
Ägypten ein Ende, da die Plagen nur ägyptisches Gebiet
trafen[2]). — Mit dem Manna kamen auch Perlen und Edelsteine herab, die von den Vornehmsten aufgelesen und nachher für das Heiligtum gespendet wurden[3]). — Sichons Riesen-
größe[4]). — Sichon und Og waren gefährlicher als Pharao
und seine Heere. Über ihren Sturz hätte Israel ebenfalls
einen Gesang anstimmen sollen. Nachher tat es David,
Ps. 136, 17 f[5]). — Als der Todesengel bei Moses erschien,
nahm ihn Moses und warf ihn vor sich hin, und so segnete
er die Stämme Israels „vor seinem Tode" (Deut. 33, 1)[6]). —
Boaz, Obed und Jischai, Davids Vorfahren, lebten zusammen
mehr als 400 Jahre, während David nur 70 Jahre alt wurde[7]).
— Klage des Buchstabens Jod (Deut. 17, 16 f.) gegen
Salomo[8]). — Der Thron Salomos gelangt nach Persien[9]).
— Nebukadnezar und seine Nachfolger. Ewil-Merodach,
Dichtung auf Grund von Jes. 14, 19[10]). — Das Losewerfen

---

[1]) Exod. r. c. 1 (2): ‏אמרו רבותינו‎.

[2]) Exod. r. c. 10 (2): ‏רביתינו ז"ל אמרי‎.

[3]) Exod. r. c. 33 (8): ‏אמרי רבנן‎. In Joma 75 a Jonathan b. Eleazar
(I, 80, 5).

[4]) Tanch. ‏דברים‎ (B. 5): ‏אמרו רביתינו‎.

[5]) Tanch. ib. ‏אמרו רבותינו‎.

[6]) Deut. r. c. 11 (5): ‏רבנן אמרי‎.

[7]) Gen. r. c. 96 (4), wo statt ‏חייו‎ zu lesen ist ‏חיין‎: ‏אמרו חכמים‎,
Tanch. B. ‏ויחי‎ 4: ‏אמרו רבותינו‎; Tanch. ‏ויחי‎ (72 b) ‏אמרו רביתינו ז"ל‎. Als
Beispiel zu den oben S. 94, Anm. 3 gebrachten Aussprüchen.

[8]) Exod. r. c. 6 (1): ‏אמרו רבותינו‎. Aus den Aussprüchen Simon
b. Jochais und Josua b. Levis zusammengezogen. S. Ag. d. T. II, 114.

[9]) Midr. Panim Acherim ed. Buber 23 a: ‏אמרו חכמים‎. Anonym
Abba Gorion 1 b. S. auch Targum zu Esther.

[10]) Tanch. ‏תזריע‎ (B. 10): ‏אמרו רבותינו‎. In Lev. r. c. 18 (2): ‏אמרו‎,
wozu vielleicht ‏רבנן‎ zu ergänzen ist.

Hamans nach Tagen und Monaten (Esther 3, 7)[1]). — Die Wahl des für den Galgen Hamans bestimmten Baumes durch das Los[2]). — Als Gott beschlossen hatte, über Hiob Heimsuchungen kommen zu lassen, fragte er Hiob: Was willst du, Armut oder andere Leiden? Da sagte Hiob: Herr der Welt, alle Leiden der Welt nehme ich auf mich, nur die Armut nicht! Als er dann ob der über ihn gesendeten Leiden klagte, sagte ihm Elihu (Hiob 36, 21): Was schreist du, hast du nicht selbst alle diese Leiden gewählt, nur die Armut nicht[3]).

Erzählungen aus der tannaitischen Zeit und andere Erzählungen.

Onias der Kreiszieher[4]). — Die erste Predigt des R. Eliezer b. Hyrkanos[5]). — Aus den Erlebnissen R. Meirs[6]). — Jehuda I und Levi b. Sisi[7]). — Die Verläßlichkeit Pinchas

---

[1]) Abba Gorion 12b: אמרי רבותינו. In Esther r. z. St. (c. 7) mit der Überschrift: תני. In Midr. Panim Acherim 23b: תני רבנן.

[2]) Midr. Panim Acherim zu 7, 9 (39a): אמרי חכמים. Eine andere ebenfalls mit אמרי חכמים eingeführte Version dieser Baumwahl — in der die Bäume sich wetteifernd melden, daß sie den Galgen für Haman liefern — am Schlusse von Abba Gorion.

[3]) Exod. r. c. 31 (12): אמרי רבותינו, eingeleitet mit dem Spruche: כל היסירים לצר אחד והעניות לצד אחר. Ebenso Tanch. משפטים (96a): אמרו ז"ל.

[4]) Tanch. B. וירא 22: אמרו רבותינו מעשה בחוני המעגל. Aus M. Taanith III, 8.

[5]) Tanch. B. לך לך 11 Ende. Nach der Erzählung, wie Hyrkanos seinen Sohn Eliezer im Lehrhause Jochanan b. Zakkais findet und einen Vortrag von ihm hört, folgt die Frage: באיזה ענין היה ר' אליעזר דורש. Darauf die Antwort: אמרו רבותינו בזה הענין יהי בימי אמרפל באיתה שעה. Für den Vortrag selbst oder vielmehr das Prooemium zu Gen. 14, 1 aus Ps. 37, 14 f. wird auf das vorher (§ 7) im Namen Tanchumas gebrachte Prooemium verwiesen. Vgl. meine: Die Prooemien der alten jüdischen Homilie.

[6]) Tanch. B. בראשית 30: אמרי רבותינו.

[7]) Tanch. צו (B. 7): אמרי רבותינו מעשה היה ברבני הקדוש. S. j. Jebam. 13a; b. Jebam. 105a; Gen. r. c. 31 Anf.

b. Jairs[1]). — R. Jannai und der Krämer[2]). — Mirjam b.
Tanchum und ihre sieben Kinder (die „Märtyrer"[3]). — Vom
Gelehrten, der mit Kaufleuten auf einem Schiffe reist und
nichts mit sich hat, als sein Wissen[4]). — Legende von
Jochanan b. Thortha[5]).

----

[1]) Deut. r. c. 3 (2): אמרי רבנן‎. Zur These: מאמונתו של בשר ודם‎
אתה יודע א' של הקב״ה‎.

[2]) Tanch. מצודע‎ (B. 5), Sch. tob zu Ps. 52 (2): אמרו רבותינו‎.
Aus Lev. r. c. ?6 (2).

[3]) Pes. r. c. 43 (180b): אמרו רבותינו מעשה היה במרים בת תנחום‎.
Nach Echa r. zu 1, 16.

[4]) Tanch. B. תרומה‎ 1: אמרו רבותינו מעשה בספינה‎. Anders erzählt
und ohne Einführungsformel in Tanch. תרומה‎ Anf. 49b.

[5]) Pes. r. c. 14 (56): . . . . אמרו רבותיני מעשה היה‎.

Berichtigungen und Ergänzungen.

Seite		statt:	lies:
8	Zeile 21	Dima	Dimi
9	Anm. 4, Z. 1	ninmal	einmal
12	Zeile 17 lies: der	Meinung der Gelehrten die Einzelmeinung	
13	„ 7	ergänze: Lev.	
17	Anm. 3, Z. 6	genannsen	genannten
17	„ 3, „ 7	Proverbeien	Proverbien
17	„ 3, „ 10	117 b	117 a
17	„ 3, „ 10	2 ist zu streichen und neben I zu setzen	
19	Zeile 2	87, 5	87, 7
19	Anm. 6, Z. 1	I	In
20	Zeile 12	Der	Den
20	Anm. 3, Z. 4	isi	ist
20	„ 5	הלפיא	הלפתא
24	Zeile 9	ihn	ihm
25	„ 2	44, 11	49, 11
25	„ 12	I Sam. 4, 21	I Sam. 17, 39
25	„ 12	4, 15	4, 25
27	Zeile 4 von unten	V. 22	V. 21
27	Anm. 1	1I	II.
29	Zeile 3 von unten	אין להם פירם	פירש אין להם
35	Anm. 2, Z. 1	5 b	8 b
39	„ 5 „ 3 v. unt.	Eleazar	Eleazars
41	„ 6	(ε)	6
43	Zeile 9	Gen. 24, 15	Gen. 24, 16
43	Anm. 3, Z. 3	„ 35, 9	„ 35, 8
44	Zeile 13	„ 32, 2	„ 32, 3
46	„ 5	„ 49, 14	„ 49, 19
46	„ 17	ihm	ihr
46	Vorletzte Zeile	Deut. 23, 5	Deut. 24, 5
47	Zeile 2	als den	als dux
47	Letzte Zeile	Hiob 41, 8	Hiob 41, 7
50	Zeile 10	I Sam. 14, 12	I Sam. 19, 12
52	Anm. 2, Z. 2	Deuiung	Deutung
53	„ 3, „ 1	Esther zu . .	Esther r. zu . .

Seite		statt:	lies:
55	Zeile 4	Ezech. 4, 2	Ezech. 9, 2
61	Vorletzte Zeile	(Exod. 32, 14)	(Exod. 32, 24)
62	Zeile 7	meiner Sache	meiner Seele
62	Letzte Zeile	(Gen. 2, 11)	(Gen. 2, 21)
63	Zeile 2	(I Sam. 26, 14)	(I Sam. 26, 12)
63	„ 5 von unten	Uber	Über
67	„ 2	(I Kön. 12, 24)	(I Kön. 12, 29)
69	Vorletzte Zeile	37, 1	37, 2
69	Anm. 1, Z. 2	(וראי כבה האי)	(וראי כבה השי)
71	„ 4, „ 1	Exod. r. (22)	Exod. r. c. 1 (22)
72	Zeile 16	5, 22	5, 20
72	„ 17	16, 28	16, 27
72	Anm. 9	Jousa	Josua
75	„ 8, Z. 2	לפי דעת	לפי דעתו
76	Zeile 3	5, 4	7, 4
80	Vorletzte Zeile	1, 1	1 2, 21
82	Anm. 1, Z. 3	zu S. oben ist zu ergänzen S. 68, Anm. 3	
86	Zeile 1	105, 18	105, 28
90	„ 6	mit je einer Sprache	mit je einem Spruche
93	Anm. 4, letzte Zeile	Simen	Simon
95	Zeile 3	(Num. 27, 12)	(Num. 17, 12)
95	„ 10	(Neh. 10)	(Neh. 10, 39)
95	Anm. 2, Z. 4	genanni	genannt
96	Zeile 9	Deut. 22, 4	Deut. 22, 11
96	Anm. 1, Z. 3	Trägers	Trägen